insel taschenbuch 4837

Hermann Hesse

Engadiner Erlebnisse

Mehr als ein ganzes Jahr seines Lebens hat Hermann Hesse im schweizerischen Hochgebirgstal des Engadins verbracht. Für ihn war dieses von schneebedeckten Gipfeln umrahmte Seengebiet »die schönste Berglandschaft, die ich kenne«. Wie alle Gegenden, die in Hermann Hesses Leben eine Rolle gespielt haben, ist auch das Unverwechselbare der Engadiner Landschaft von ihm in Wort und Bild festgehalten und gewürdigt worden. Neben diesen Schilderungen und seinen vor Ort gemalten Aquarellen überliefert der reich illustrierte Band auch Hesses dortige Begegnungen mit Musikern, Malern und Schriftstellerkollegen wie u.a. Thomas Mann.

Hermann Hesse

ENGADINER ERLEBNISSE

Herausgegeben von
Volker Michels

Mit Zeichnungen und Aquarellen
des Dichters

Insel Verlag

Klimaneutral
Druckprodukt
ClimatePartner.com/14438-2110-1001

3. Auflage 2023

Erste Auflage 2020
insel taschenbuch 4837

Vertrieb durch den Suhrkamp Taschenbuch Verlag
Umschlagabbildung: Hermann Hesse, *Arosa*, Januar 1928
Druck: CPI books GmbH, Leck
Printed in Germany
ISBN 978-3-458-68137-3

www.insel-verlag.de

ENGADINER ERLEBNISSE

INHALT

VORWORT

»Die schönste Berglandschaft, die ich kenne«
Hermann Hesse im Engadin

Seit Hermann Hesse im Juli 1905 auf einer Wanderung mit seiner Frau Mia und dem Jugendfreund Ludwig Finckh vom Graubündener Bergdorf Bergün aus über den Albula-Paß erstmals das auf 1800 m Höhe in eine schroffe Gebirgslandschaft eingebettete Tal mit den vier Seen des oberen Engadin erreichte, spürte er, »daß diese Berge und Seen, diese Baum- und Blumenwelt mir mehr zu sagen haben als es bei diesem ersten Anblick voll aufzunehmen und mir anzueignen möglich sei, daß ich mich irgend einmal hierher zurückziehen würde, daß dieses so strenge wie formenreiche, so ernste wie harmonische Hochtal mich angehe, mir etwas Wertvolles zu geben oder etwas von mir zu fordern habe«.

Hierher an die Klimascheide zwischen Nord und Süd, wo Friedrich Nietzsche zufolge »Italien und Finnland zum Bunde zusammengekommen sind und die Heimat aller silbernen Farbtöne der Natur zu sein scheint«, wo das südliche Blau des Himmels allen Farben eine stärkere Intensität verleiht, wo unter Arven, Lärchen und nahe der Hochmoore noch Orchideen, Eisenhut, Paradies- und Feuerlilien, Enzian, Alpenrosen, Edelweiß, Pelz- und Schwefelanemonen gedeihen, hatte es schon viele Autoren zu kommen gereizt, unter anderem Marcel Proust, Karl Kraus, Kurt Tucholsky, Stefan Zweig, Gottfried Benn, ja selbst die Schülerin Anne Frank verbrachte dort ihre Sommerferien. Mehr als vier Jahrzehnte mußten vergehen, bis auch Hesse diese Regung beherzigen konnte und von 1949 bis 1961, also bis ein Jahr vor seinem Tod, im stillsten und noch ursprünglichsten Dorf des Tales, in Nietzsches Sils Maria jeweils einen Sommermonat verbrachte. Insgesamt waren es 370 Tage, also etwa ein ganzes Jahr, das er sich dort aufhielt.

Zu Besuchen im mondänen, am östlichen Ende des Seetals gelegenen St. Moritz war er ab 1917 bereits mehrfach gekommen, zweimal im Ersten Weltkrieg zu Lesungen aus seinen Werken zugunsten der Kriegsgefangenen. Wie damals auch Stefan Zweig haben ihn dort die in die harmonische Bergwelt hineingeklotzten patzigen Blöcke der Riesenhotels abgestoßen und mehr noch der luxuriöse Müßiggang der Sorglosen, die auch eine »Bagatelle wie der Krieg« nicht von ihren Vergnügungen abhalten konnte. Schon 1908 hatte Hesse in einem Brief an den Maler Wilhelm Füssli geschrieben: »Die Gecken sind zu allen Zeiten und in jeder Mode gleich. So laufen sie heute noch in Baden-Baden herum und leider haben sie bisher noch viele andere Berge und Täler bis ins hohe Engadin hinauf, dazu erobert, wo sie zwischen Felsen und Schneebergen ihre Arroganz und Eleganz spazieren führen.«

Seit 1949 war es nicht mehr der Schnee, der den mittlerweile 72jährigen Dichter in das Hochtal lockte, sondern das gemäßigte Klima im Sommer, da seine Frau Ninon die Hitze in Hesses Tessiner Wahlheimat von Jahr zu Jahr schwerer ertrug. Auch konnte er hier oben den zahllosen Touristen entgehen, die glaubten, in den Sommerferien auf ihrer Reise durch das Tessin nach Italien dem damals letzten deutschen Literatur-Nobelpreisträger ihre Aufwartung machen zu müssen. Da war es gut, in den turbulentesten Sommerwochen im Hotel Wald-

Das Hotel Waldhaus in Sils Maria

haus unterzukommen, das, auf einem Fels über dem Dorf gelegen, einen imposanten Blick über das Seetal bis nach Maloja und hinab zu den Bergsilhouetten des Bergell bietet. Er hatte das Hotel erstmals im Sommer 1908, kurz nach dessen Eröffnung kennengelernt, anläßlich eines zweitägigen Treffens mit seinem Verleger Samuel Fischer und dem österreichischen Autorenkollegen Arthur Holitscher. Es hat im Lauf der Jahre zahlreiche prominente Gäste aus Literatur, Musik, Kunst und Wissenschaft beherbergt, u.a. Marc Chagall, Rabindranath Tagore, Thomas Mann, François Mauriac, C.G. Jung,

Theodor Heuss, Ernst Jünger, Clara Haskil, Rudolf Serkin, Arthur Honegger, Bruno Walter, Wilhelm Furtwängler, Richard Strauss (der im Engadin seine »Alpensymphonie« konzipierte), Rolf Liebermann, Pierre Fournier, Theodor W. Adorno, Leopold Ziegler, Carl Jacob Burckhardt, Friedrich Dürrenmatt und – anläßlich der alljährlichen Hermann-Hesse-Tage – auch Adolf Muschg, Eugen Drewermann, Rüdiger Safranski und Peter Sloterdijk.

Zudem hatte das Oberengadin für ältere Gäste den Vorteil, so hoch zu liegen, daß man dort kaum zu steigen braucht, um sich der prickelnden Frische des Klimas und rundum der schönsten Gänge und Ausblicke erfreuen zu können. Wenn einem dann auch noch die von ihren Bergweiden herabläutenden Rinder-, Schaf- oder Ziegenherden begegnen, ist die Fühlung mit der Natur kaum mehr zu übertreffen. Auch mochte das Bergpanorama, das die Wasserflächen des Engadiner Hochplateaus umgibt, Hesse an den Blick aus seinem Haus in Montagnola über dem Luganer See nach Italien erinnern. Nur daß dort die ebenso steil aus dem See aufsteigenden Berge mit üppigen Kastanienwäldern bewachsen sind, während die auch im Sommer schneebedeckten Gipfel des Engadin urweltlich und jenseits der Baumgrenze voller Geröll in den Himmel ragen. Dieser Wechsel vom gastlichen Südfuß der Alpen über den bereits von den Römern begangenen Julierpaß hinauf in kaum mehr bewachsene Zonen hatte für Hesse etwas Aufreizendes und zugleich Melancholisches. Denn das Hin und Her des Empfindens zwischen zeitloser Urwelt und den klein geteilten Zeitstrecken des eigenen Lebens ließ ihn »alles Menschliche, alles Erlebte und Erlebbare vergänglich und gewichtlos erscheinen … Stets scheint ja das

Dauernde auf das Vergängliche mit einer Überlegenheit zu blicken, die zwischen Spott und Duldung schwebt, und so finde ich mich vom Geist dieser feucht-kühlen Weite geprüft und gemustert, geduldet und ein wenig bespöttelt, ohne daß ich mich gedemütigt fühle. Es ist jede neue Begegnung mit der Erde und der Natur von ähnlicher Art, wenigstens für unsereinen, für uns Künstler: unser Herz kommt dem Elementaren und scheinbar Ewigen willig und voll Liebe entgegen, schlägt mit dem Takt des Wellenganges, atmet mit dem Winde, fliegt mit den Wolken und Vögeln, fühlt Liebe und Dankbarkeit für die Schönheit der Lichter, Farben und Töne, weiß sich zu ihnen gehörig, ihnen verwandt, und bekommt doch niemals von der ewigen Erde, dem ewigen Himmel eine andere Antwort als eben jenen gelassenen halb spöttischen Blick des Großen für das Kleine, des Alten für das Kind, des Dauernden für das Vergängliche. Bis wir, sei es in Trotz oder Demut, in Stolz oder Verzweiflung, dem Stummen die Sprache, dem Ewigen das Zeitliche und Sterbliche entgegenstemmen und aus dem Gefühl der Kleinheit und Vergänglichkeit das ebenso stolze wie verzweifelte Gefühl des Menschen wird, des abtrünnigsten, aber liebefähigsten, des jüngsten, aber wachsten, des verlorensten, aber leidenfähigsten Sohnes der Erde. Und siehe, unsre Ohnmacht ist gebrochen, wir sind weder klein noch trotzig mehr, wir begehren nicht mehr das Einswerden mit der Natur, sondern stellen ihrer Größe die unsre entgegen, ihrer Dauer unsre Wandelbarkeit, ihrer Stummheit unsre Sprache, ihrer scheinbaren Ewigkeit unser Wissen vom Tode, ihrer Gleichgültigkeit unser der Liebe und des Leidens fähiges Herz.« (*Beschreibung einer Landschaft*)

Der Alltag des Dichters unterschied sich auch hier nur wenig von dem in Montagnola. Denn täglich ist ihm die Briefpost ins Waldhaus nachgeschickt worden, die zu beantworten einen Großteil seiner Zeit in Anspruch nahm. Die beiden Räume, die er mit seiner Frau Ninon in der Beletage des Hotels bewohnte, glichen mehr einem Büro als einem Feriendomizil. Hinzu kamen die zahlreichen Besucher, fremde und namhafte Hotelgäste, Musiker, Philosophen und Autorenkollegen, die Wert darauf legten, mit ihm ins Gespräch zu kommen, wie Thomas Mann, Theodor Heuss, Carl Jacob Burckhardt, Leopold Ziegler, Theodor W. Adorno u. a. Da blieb nicht viel Zeit, weder für Ausflüge noch für eigene Arbeiten. Und dennoch sind hier oben einige seiner schönsten Gedichte und Aufsätze entstanden, darunter die Gedichte »Im Auto über den Julier«, »Müder Abend«, »Lej Nair«, Essays wie »Goethe und das Nationale«, »Yüan-wus Niederschrift von der smaragdenen Felswand«, »Schreiben und Schriften«, Berichte wie der »Rundbrief an einige Freunde in Schwaben«, »Engadiner Erlebnisse«, »Sommerbrief« und sein »Rundbrief aus Sils Maria«.

In den ersten Jahren seiner Engadiner Sommeraufenthalte war er noch rüstig genug, um Ausflüge und Wanderungen unternehmen, seltene Pflanzen und Tiere aufspüren zu können. So berichtet er am 9. August 1952 seiner Enkelin Hellen: »Vorgestern beobachtete ich lang ein starkes altes Murmeltier, das saß auf einem Felsvorsprung äußerst lange regungslos bis nach Sonnenuntergang ganz allein. Dann tauchte im Tal, gut hundert Meter tiefer, ein Hund auf, der über die Kuhweide lief. Da richtete das Murmeltier sich steil auf und stieß minutenlang überaus eindringliche, sehr weit hörbare Pfiffe aus, um alle Kameraden zu warnen.« Auch andere Naturerschei-

Hermann Hesse mit seiner Frau Ninon, Katia, Thomas und Elisabeth Mann im Februar 1932 in St. Moritz (von rechts nach links)

nungen wie die Ursprünge des Inn oder das Wolkentheater über den Bergen schildern seine Briefe: »In diesem Hochtal kommen überall Bäche, Wasserfälle und kleine Wässerchen herunter und aus ihnen entsteht der Inn, dem man schon hier ansieht, daß er im Sinn hat, ein großer starker Strom zu werden und der dann drunten so viel Not anrichtet« (August 1955). Schon immer habe es ihm gefallen und sinnbildlich geschienen, daß die Schweiz, so klein sie auch sei, ihre Bergwasser in die Nordsee, das Schwarze Meer und das Mittelmeer schickt. (November 1956) [...]

»An manchen Tagen war der Engadiner Himmel, den ich fast noch mehr liebe als die herrliche Landschaft, freigiebig mit gewaltigen Wolkenspielen auf tief kaltblauem Grund.« Schon 1905 in seinem Bericht »Wintertage in Graubünden« hatte er das einzigartige Klima und dessen visuelle Effekte geschildert: »Eine unsäglich kräftige, kühle, herbe Bergluft gibt allen Farben eine emailartige Frische, namentlich das Wasser des Flusses und der Seen hat einen Glanz und eine glasklare Tönung wie kaum in einem anderen Tal der Schweiz. Ein schöner Waldweg führt über dem Wasser hin, jenseits von Silvaplana am See vorbei nach Sils Maria. Und von hier sieht man über den zweiten See hinweg in die Berge und auf herrlich steile Gelände, und am Horizont liegt breit und fürstlich als Tor zum Süden das alte Maloja, das Bergell und die Wunderstraße nach Italien verbergend.« Maloja war ihm der liebste Ort im Engadin und eines seiner bevorzugten Ausflugsziele seit er im Alter von 28 Jahren zum ersten Mal vom Ausblicksvorsprung »Stein« die 1200 Meter abfallende Paßhöhe hinab südwärts geblickt hat und mit nichts als seinem Rucksack ins Tessin gewandert ist.

Doch im Laufe der Jahre wurde ihm das Wandern immer beschwerlicher. Am 21. Juli 1955 berichtet der 78jährige: »Der Weg vom Waldhaus bis zum Fexkirchlein und der ›Sonne‹ gehört zu den längsten Gängen, die ich an einem guten Tag noch machen kann. Auch ihn könnte ich heuer noch nicht machen, ich muß erst mehr Übung kriegen. Aber in meinen jungen Jahren war ich einmal, ein einziges Mal, beinah bis am Gletscher oben.« Fünf Gehminuten vom Waldhaus entfernt duckt sich, inmitten von noblen Hotelbauten, das kleine urtümliche Haus, in welchem der Dichterphilosoph Friedrich

Nietzsche in den Sommer- bis Herbstmonaten der Jahre 1881 bis 1889 eine mehr als bescheidene Unterkunft fand. Dieses Relikt aus kargeren Zeiten würde vermutlich längst mondäneren Zwecken gewichen sein, wenn Hermann Hesse nicht 1958 mit seinem Einsatz und Namen die Initiative des Schweizer Schriftstellers Paul Bühler und der Leiterin des Hotels Alpenrose unterstützt hätte, das Haus zu erhalten. Dessen Anblick mit »Nietzsches kleiner Wohnung, einer Asketenklause von ergreifender Ärmlichkeit«, war ihm bei jedem Wiedersehen »herzbewegend, wichtig und teuer« geworden, zeigt es doch wie wenig ein Mensch braucht, um weltbewegende Leistungen hervorzubringen. 17jährig war Hesse bei der Lektüre des von Nietzsche hier entstandenen Buches für Alle und Keinen: »Also sprach Zarathustra« (1883) auf das Gedicht »Nachtlied« gestoßen und konnte seitdem nie mehr die Stunde vergessen, als er dort zum ersten Mal die Worte las: »Nacht ist es, nun reden lauter alle springenden Brunnen …«. In jener Stunde sei ihm wie durch einen Blitzstrahl das Wunder der Sprache aufgegangen, wo sein Leben jenen Sinn bekam, dem er heute noch diene. »Das dicht an den Felshang gedrückte, etwas düstere Haus, in dem Nietzsche sein Zarathustra-Buch konzipierte«, berichtet Hesse, stehe »inmitten der lauten, bunten Sport- und Touristenwelt trotzig und blickt etwas verdrossen, wie angewidert, Ehrfurcht und Mitleid weckend und dringlich mahnend an das hohe Menschenbild, das der Eremit auch noch in seinen Irrlehren aufgerichtet hat.« 1960 konnte Hesse in einem Brief dem vermögenden Pharmafabrikanten, Mäzen und Haiku-Dichter Günther Klinge melden: »Dieser Tage war ich im Nietzschehaus, das seit kurzem, sehr im Verkommen begriffen, von einer Stiftung übernommen und

Ninon und Hermann Hesse im Juli 1956 mit der amerikanischen Flötistin Elaine Shaffer in Celerina

hergerichtet worden ist. Da sind im schönen Hauptraum des Hauses nun Bilder, Bücher, faksimilierte Handschriften Nietzsches ausgestellt. Doch hat er diesen Raum nie bewohnt. Sein Zimmerchen, klein, finster, ohne Aussicht ist ärmlich wie etwa eine Knechtskammer.«

Heute beherbergt dieses Haus neben den Ausstellungsräumen im Erdgeschoß und Nietzsches karger, nur aus einem urtümlichen Bett, einem Wasch- und einem Arbeitstischchen bestehender Kammer ein einzigartiges Nietzschearchiv und eine Gästewohnung, die sowohl für Forscher wie für kreative Zeitgenossen eingerichtet wurde. Seitdem fehlt es nicht an Zeugnissen prominenter Besucher, die dem Philosophen, leider erst postum, hier ihre Reverenz erwiesen haben.

Immer wieder reizvoll war für Hesse auch das Engadiner Musikleben. Hier kam es zu Wiederbegegnungen mit den

Pianisten Edwin Fischer, Nikita Magaloff und Clara Haskil, zu Konzerten des Collegium musicum von Renato Fasano aus Rom und der amerikanischen Flötistin Elaine Shaffer sowie zu einem vom befreundeten Cellisten Pierre Fournier eigens für Hesse gegebenen Privatkonzert zweier Solo-Suiten von Bach. »Es war«, erinnert sich Hesse, »als sei ich in unsrem Hochtal … plötzlich in eine noch viel höhere, klarere, kristallenere Bergwelt gehoben worden, die alle Sinne öffnete, anrief und schärfte … und die kraftvoll, genau und herb gespielte Musik schmeckte mir wie einem Verschmachtenden Brot und Wein, sie war Nahrung und Bad und half der Seele, wieder zu Mut und zu Atem zu kommen.«

Ein weiteres Thema dieses Bandes sind Hesses Engadiner Zusammenkünfte mit Thomas Mann und seiner Familie, die, im Gegensatz zu solchen mit anderen Gesprächspartnern, erfreulicherweise auch in einigen Fotografien überliefert sind.

Schon seit 1910 verband Thomas Mann mit Hesse, den er als den ihm »nächsten und liebsten« unter den zeitgenössischen Autorenkollegen bezeichnet hat, ein angeregter Briefwechsel, der »aus Verschiedenheiten so gut wie aus Ähnlichkeiten seine Nahrung zog« (Thomas Mann). Dreimal waren sie sich vordem persönlich begegnet, doch intensiviert hat sich ihr unmittelbarer Austausch erst in den Engadiner Wintern der Jahre 1931 und 1932, als sie mit ihrem Verleger Samuel Fischer das Chantarella-Hotel in St. Moritz bewohnten. Hier unternahmen sie mit ihren Ehefrauen Ausflüge im Schnee, und zuweilen begleitete der Skifahrer Hesse auch Manns Tochter Elisabeth bei ihren Abfahrtsläufen. Noch in den letzten Tagen ihres Lebens hat sie darüber berichtet. (Diese ihre letzte Aufzeichnung erscheint hier erstmals in Buchform.)

Ihr Vater und Hesse hatten sich so viel zu sagen, daß sie auch in den kommenden, politisch verdunkelten Jahren die Treffen im Engadin gern wiederholt hätten. So schreibt Thomas Mann am 22. Dezember 1932 an Hesse: »Wir sind unselbständig genug, unser Kommen von dem Ihren abhängig zu machen. Eigentlich sind ja die Zeiten nicht danach, aber der Aufenthalt ist wohltuend ... Wären nicht unsere Abende im Salon der Wiederaufnahme wert?« Zu einem Wiedersehen im Engadin ist es – nach späteren Treffen in Montagnola und im Badener »Verenahof« – erst lange nach Thomas Manns Emigration, ein Jahr vor seinem Tod gekommen. Von diesen in heiterer Runde verbrachten Waldhaus-Gesprächen »mit Thomas Mann, der zur Zeit ein Stockwerk über mir im selben Hotel wohnt«, berichtet Hesse 1954 in seinem »Rundbrief aus Sils Maria«. Noch anschaulicher erinnert sich Erika Mann, die ihre Eltern begleitet hatte, an die heitere Atmosphäre dieser Zusammenkünfte: »Im Speisesaal saßen Hesse und seine Frau nicht weit von uns, doch war es stillschweigend beschlossene Sache, daß man die Mahlzeiten gesondert einnahm. Erst nach Tisch, abends, kam man zusammen, und obwohl gewiß manch ernstes Gespräch geführt wurde, sind diese Stunden mir als vorwiegend heiter und beschaulich in Erinnerung. Hesse lacht gern und kann auf eine bäurisch geruhsame Art und mit ausführlichen, exakt illustrierenden Handbewegungen selbst sehr drollig sein, und mein Vater war das dankbarste Publikum. Auch seinerseits erzählte er, packte Schulgeschichten aus und hegte die Asche seiner Zigarre, während Hesse ein weiteres Schöppchen roten Landweins kommen ließ. Urgemütlich und plauderhaft, gesellig, ja galant, so kennen wir den ›Steppenwolf‹, dessen Weltscheu

und Einsamkeitsbedürfnis verfliegen, sobald er mit Freunden um den Tisch sitzt.«

Anläßlich von Hermann Hesses 50. Todestag hat Prof. Peter André Bloch, der Leiter des Silser Nietzsche-Archivs und -Museums, in einer Sonderausstellung die Verdienste des Dichters um den Erhalt des Hauses und seine Beziehung zum Engadin mit vielen eindrucksvollen Schriftstücken und Bildern dokumentiert. Auch Hesses mehreren Schwankungen unterworfenes Verhältnis zu Nietzsche ist dort überliefert. Dazu gehört seine gleich nach dem Ende des Ersten Weltkriegs zunächst anonym veröffentlichte politische Flugschrift »Zarathustras Wiederkehr. Ein Wort an die deutsche Jugend. Von einem Deutschen«, worin er in der Rolle von Nietzsches Zarathustra auf die Spartakistenaufstände der Novemberrevolution von 1918 reagierte und sich gegen den Revanchismus der Dolchstoßlegende wandte, mit dem damals die Kriegsschuld verdrängt und die Niederlage Deutschlands begründet werden sollte.

Aus dem Begleitheft zu dieser Ausstellung ist das vorliegende Buch entstanden, das Zeugnis von Hesses Liebe zum Genius loci ablegen soll. Es überliefert, mit meist historischen Bildern und von Hesse selbst gemalten Aquarellen, alle Schilderungen, die er seit 1905 dieser Region gewidmet hat, zeigt ihn und seine Frau Ninon mit Kollegen wie Thomas Mann, Jakob Wassermann, Theodor Heuss, Theodor W. Adorno und der Flötistin Elaine Shaffer. Darüber hinaus versammelt es einige von Hesses hier entstandenen Gedichten, Briefen und Rundschreiben. Daß in diesen Schilderungen, die von ihrem Verfasser ja nicht eigens für solch einen Engadiner Themenband geschrieben wurden, auch Gebiete berührt werden, die über den lokalen Bezug hinausweisen, sollte bei einem Autor vom Range Hermann Hesses nicht verwundern.

Volker Michels

EINE WANDERERINNERUNG

In meiner Jugendzeit, vor etwa fünfundzwanzig Jahren, marschierte ich einmal im Hochsommer über den Albulapaß, durch das Engadin und das Bergell an den Comersee. Dieser Tage fand ich den Aufsatz wieder, den ich damals kurz nach der Wanderung aufschrieb. Es war die Wanderung in einem Europa ohne Krieg, durch ein Graubünden ohne Staub, durch ein Italien ohne Automobile, damals konnte es noch eine Wonne sein, tagelang auf einer Landstraße zu Fuß zu gehen. Ich wußte damals nicht, daß die Mehrzahl meiner kleinen Reisefreuden einer untergehenden Welt angehörten und bald nirgends mehr zu finden sein würden. Ich wußte es ebensowenig wie ich wußte, daß in einigen Jahren ein Krieg kommen und unser Leben zerstören und verarmen werde, und daß dennoch sämtliche Teilnehmer am Kriege von ihm entzückt sein und nach seinem Ende fest entschlossen sein würden, nichts aus ihm zu lernen. Man lief damals so ahnungslos in der Welt herum. Nun, es war schön, und ich bin froh darüber, jene Zeit des »faulen« Friedens noch erlebt zu haben. Er war gar nicht so schlecht, dieser Friede, wie gewisse Kollegen von mir uns nachher einreden wollten, wenn sie vom »Segen des Krieges« predigten. Aber genug der Betrachtungen! Ich teile mit, was ich im Jahre 1905 über jene kleine Wanderung aufgeschrieben habe.

1932

SOMMERREISE

I.

Am Mittagstisch in Preda war von nichts anderem die Rede als von Alpenbären.

»Seit fünf Tagen suche ich den Alpenbär und habe noch keinen!«

»Ich habe schon zwei, einer ist ein Weibchen.«

»Gestern sah ich einen, aber er war nicht zu erwischen.«

Einer der Herren wandte sich zu mir: »Haben Sie vielleicht schon einen angetroffen?«

»Einen Alpenbären?«

»Nun ja.«

Ich überlegte einen Augenblick. Es beschämte mich nicht wenig, daß ich vom Vorkommen des Bären in diesem Teil Graubündens absolut nichts gewußt hatte. Ich beschloß lieber zu leugnen, als mir eine Blöße zu geben.

»Gesehen habe ich noch keinen«, antwortete ich gleichmütig, »aber brummen gehört hab' ich sie schon öfter.«

Der Herr riß die Augen auf, starrte mich an, schüttelte den Kopf und brach dann in ein Gelächter aus.

»Sie sind nicht Entomolog?« fragte er noch lachend.

»Nein, was ist das?«

»Schmetterlingsammler, meine ich. Der Alpenbär, auch Flavia, ist ein hier in der Gegend vorkommender alpiner Falter. Wir sind alle hinter ihm her.«

»So? Ich dachte, das sei ein Sport für kleine Buben.«

»Doch nicht. Aber, wenn ich fragen darf – was suchen Sie eigentlich in Preda, wenn Sie nicht Entomolog sind?«

Die Frage schien mir naiv, denn Preda liegt wunderbar schön und hoch in den Bergen des Albulagebirges, drei Stunden von der Paßhöhe, und jeder einzelne Berg der Umgebung verlockt zum Steigen, namentlich der Piz Val Lung und der nahe Piz Moulix. Aber es zeigte sich nach wenigen Tagen, daß der Schreckliche recht gehabt hatte. Preda besteht lediglich aus einem kleinen Stationsgebäude und zwei Gasthäusern, und in beiden Gasthäusern sitzen Entomologen. Schmetterlingsnetze, Ätherfläschchen, Acetylenlaternen stehen herum, auf jeder Matte flattert ein Netz, auf jedem Geröllfeld stehen ernste Männer und drehen Stein um Stein um, da Flavia dort ihre Eier legt. Es sind Sammler da, die seit fünf und mehr Jahren jeden Sommer kommen, manche haben von den seltenen Alpenschmetterlingen schon dreißig und mehr Exemplare zusammengeräubert, andere sehen resigniert und nervös aus, denn sie suchen gewisse Falter schon seit Jahren vergebens.

Es gibt ohne Zweifel unter ihnen Leute, mit denen im täglichen Leben angenehm zu verkehren wäre, aber hier auf dem Tummelplatz ihrer Leidenschaft werden sie fanatisch und unmöglich. Jeder lechzt nach Beute, jeder kontrolliert den anderen. Wer ein seltenes Tier erbeutet hat, gibt dem Kollegen einen falschen Fundort an, weiß aber nicht, daß mindestens einer von ihnen ihm heimlich auf den Fersen war und sich den Ort gemerkt hat. Jeder glaubt Plätze zu kennen und Erfahrungen zu haben, die er bis in den Tod geheim halten muß. Und wenn einmal ein gefürchteter Konkurrent über ein Wändchen stürzt und die Knochen bricht, vernehmen es die anderen mit nur schlecht geheucheltem Bedauern.

Dies alles macht den Aufenthalt in Preda einigermaßen peinlich. Noch schlimmer aber ist die Ansteckungsgefahr.

Nach etwa acht Tagen geschah es, daß ich einem Freunde, mit dem ich die Reise unternommen hatte, auf einer kühlen Bergwanderung mitteilte, ich sei entschlossen, nach meiner Heimkehr eine Schmetterlingsammlung anzulegen, und zwar werde ich zum Töten der gefangenen Tiere nicht Cyankali, sondern Äther verwenden. Mein Begleiter sah mich sonderbar an, und plötzlich erkannte ich das Gefährliche meines Zustandes. Sofort beschloß ich abzureisen. Am Abend aber gelüstete es mich doch, noch einen Blick in das Treiben der Entomologen zu tun; ich schloß mich einer von ihren Touren an und bereute es nicht. Es war meine schönste Nacht in Preda.

Nach der Abendmahlzeit brachen wir auf, zwei Schmetterlingsjäger, mein Freund und ich. Es war noch hell, und wir wanderten langsam die schöne Straße bergan, an Palpuogna und an dem wundervollen kleinen Alpensee vorbei, der mitten in seiner glasig grünen Fläche ein großes tiefblaues Auge hat.

»Sehen Sie, die paar wunderbaren schwarzen Bäume dort am See! Wie ein Märchen.«

»Ja, das sind Lärchen. Dort können jetzt leicht ein paar Spanner fliegen. Gehen wir hinunter?«

»Um Gotteswillen nicht.«

»Also weiter. Dort ist der Weißenstein.«

Der Weißenstein ist ein früher vielbesuchtes, seit der Eröffnung der Albulabahn aber geschlossenes Gasthaus und der Hauptausgangspunkt für die Beutezüge der Entomologen, nur noch eine knappe Stunde vom Flaviafelsen, dem berühmtesten Fundort des Alpenbären, entfernt.

Ein bequemer Fußweg biegt links von der Paßstraße ab und

führt an einem Wasserfall und mehreren großen, öden Geröllhalden vorüber direkt zum Hospiz. Langsam stiegen wir und wendeten unterwegs alle größeren Steine um, darunter Blöcke in Mannesgröße, in der Hoffnung, Eier oder Puppen des Alpenbären zu finden. Doch fiel uns nur eine leere Puppenhülse in die Hände. Wir verloren uns bergaufwärts ins Geröll und mußten an steilen Stellen viel Mühe und Vorsicht anwenden, um mit den gewendeten Steinblöcken einander nicht zu erschlagen. Einen weiteren Reiz erhielt diese an sich wenig interessante Tätigkeit noch durch die Mitteilung eines Sennen, es gebe unter diesen losen Steinen Massen von Kreuzottern. Aber auch von diesen bekamen wir nichts zu sehen, alles schien wüst und ausgestorben, nur von der Höhe her ertönte zuweilen der grelle, fast höhnische Pfiff eines Murmeltieres.

Die erfolglose Mühe begann mich zu verdrießen, auch wurde es rasch dunkler, und das Arbeiten im Steinschutt wurde fast unmöglich. Jenseits unseres Geröllfeldes stieß ich auf einen beinahe steinfreien Mattenstreifen, auf dem ich ohne Mühe in die Höhe kam. Ich ließ die drei zurück und stieg eine Weile gedanken- und ziellos steil bergan, in die zunehmende Finsternis hinein. Kleine Steine glitten leise unter mir weg, zuweilen schrillte die Spitze meines Bergstocks in einer Felsritze, sonst war nichts zu hören als das schwache Reiben meiner Schuhnägel am Boden.

Mittlerweile gingen, von mir ungesehen, über den jenseitigen Gipfeln die ersten Sterne auf, und als ich mich ausruhend umwandte, wurde mir ein unerwartet mächtiger Anblick. Vor mir fiel der kahle Berg in ununterbrochener, steiler Schräge tief ins Albulatal hinab, das in brauner Öde lag. Zwischen Moorstrecken und Steinwüsten glänzten blaß die vielen winzigen Quellseen, und in jedem schwamm das Spiegelbild eines Sterns. Jenseits des breiten, großartigen Hochtales stiegen die Zwillinge, der Piz Loleis und das Albulahorn, mit scharfen Umrissen in den Nachthimmel. Alles lag in dem ungewissen, grünlichen Sternenlicht und sah verlassener, wilder und größer aus als am Tage. Nächst dem feuchten, fließenden Silberlicht eines windigen Nebelmorgens weiß ich keine Stimmung und Beleuchtung, die den eigentümlich grandiosen Charakter des prächtigen Hochpasses so eindringlich und rein vor Augen bringen könnte wie dies graugrüne, kalte, schleierartige Licht einer klaren, aber mondlosen Nacht.

Einen halb gespenstischen, halb komischen Anblick boten von hier aus die beiden Entomologen, die tief unter mir im Geröll ihrer Jagd oblagen. Jeder hatte eine stark leuchtende Blendlaterne aufgestellt, deren Licht auf ein ausgespanntes weißes Leinentuch fiel. Um diese leise zuckenden Lichtstreifen sah ich die beiden Jäger eilig, doch vorsichtig an der Steinhalde hin und wieder tanzen, die weißen Schmetterlingsnetze in hastigem Bogen und Kreisen schwingend, um die vom Licht angelockten Nachtfalter einzufangen. Bald erschienen sie undeutlich als irrende Flecken, wenn sie sich vom Licht entfernten, bald kehrten sie in die Helle zurück und waren plötzlich scharf zu sehen, zuweilen stürzte einer ausgleitend zu Boden oder kniete nieder, um eine Beute zu bergen. Es sah aus wie der nächtliche Tanz von Wilden. Und das ganze Bild, dies ungeheuer in der Nacht ausgedehnte, von riesigen Bergen umschlossene Alpental mit den beiden leidenschaftlich bewegten, winzigen, einer harmlos tollen Begierde frönenden Menschen, gab mir einen unvergeßlichen Eindruck.

Zurückkehrend fand ich die eine Laterne erloschen und ihren Besitzer in mühsam gedämmter Wut, während der zweite ruhig und lächelnd seine Jagd fortsetzte. Doch ließ er sich bestimmen, nun auch ein Ende zu machen, und beim Schein seines Lichtes gingen wir heimwärts. Ich erkundigte mich nach den Ergebnissen des Falterfangs; der eine von den Sammlern hatte Glück gehabt und war zufrieden, der andere, dessen Laterne versagt hatte, schimpfte halblaut vor sich hin.

»Ihr Kollege hat, scheint's, mehr Glück gehabt als Sie?« sagte ich zu ihm.

»Ja«, knurrte er zornig, »das haben die Dummen ja immer.«

Der andere hörte es wohl, lachte aber nur vergnügt vor sich hin. Einen Alpenbären aber hatte auch er nicht gefangen. Ich allein war so glücklich, einen zu sehen. Er flog, als ich nach der späten Heimkehr im Gasthaus Licht machte, gegen mein Fenster. Doch habe ich ihn weder gefangen noch einem der Sammler verraten. Es war ein schönes Tier, schwarz und gelbbraun, mit starkem behaartem Rumpf. Ich nickte ihm zu, löschte mein Licht und sah ihn rasch flatternd in die bläuliche Nacht verschwinden.

II.

An einem wolkenlos blauen Hochsommermorgen verließ ich Preda und wanderte ohne Eile die schöne, sanft steigende Straße nach dem Hospiz hinan. Der letzte Teil des Weges ist von einer wuchtig ernsten Schönheit, nicht unähnlich dem St. Gotthard, und doch anders, kahl und ganz Form, ohne alles Kleine, Zierliche, Zufällige. Auf der Höhe liegt nur sehr wenig Schnee, ein paar kleine graue Felder in runden Schattenmulden, aber wie überall in dieser Gegend ist Wasser genug vorhanden. Das urweltlich Kolossale der Steinlandschaft reinigt die Phantasie, schon indem es für eine Weile alle menschlich kleinen Beziehungen zum Schweigen bringt und mit schlichter Gewalt, gleich den ersten Worten der Genesis, auf die Geburtszeit der Erde und ihre Einheit mit dem Kosmos deutet, die uns sonst selten so klar und nachhaltig zum Bewußtsein kommt.

Von der erreichten Paßhöhe einfach weiter straßabwärts zu gehen, hätte mir leid getan; statt dessen stieg ich vom Hospiz an höher und brachte zwei Stunden damit zu, oben an den Rändern der Wände und Schutthalden einen Strauß Edelweiß zu sammeln. Die dort sehr zahlreich hausenden Murmeltiere bekam ich leider nur zu hören, nicht zu sehen. Als ich bald nach Mittag meinen Weg auf der Paßstraße fortsetzte, war es trotz der Höhe schon sehr warm, und je tiefer die Straße führte, desto heißer glühte der sonnige, mit fernher anziehenden Gewitterwolken drohende Tag. Große Viehherden, deren Hirten auffallenderweise fast alle deutsch sprachen, waren auf den ausgedehnten Mattenhängen verstreut. Es tauchten Gesträuche, dann Bäume auf, und die

bisher fast vegetationslose Landschaft ward grün und immer waldiger, bis unten das Inntal sich öffnete. Freudig schritt ich den schönen Dörfern mit den schönen Namen Ponte, Camogask, Matulein und Guardaval entgegen, wo an jeder Gasse stattliche alte Bündnerhäuser mit Vortreppen, spitzen Erkern und reichen Balkongittern von schöner Schmiedearbeit stehen. Häuser, Gassen, große steinerne Brunnen, ehrbare alte Gasthäuser deuten auf Wohlstand und ältere Kultur, Wagen und Pferde erfüllen die lebhafte Talstraße mit Getöse, Staub und Leben, und unter Männern, Frauen und Kindern sieht man zahlreiche wundervolle bräunliche Schönheiten. Allerdings beginnt hier auch, namentlich von Bevers an aufwärts, der berühmte Engadiner Fremdenbetrieb, der das Vergnügen des Wanderns zwischen hier und Sankt Moritz stark beeinträchtigt.

In Bevers machte ich Rast, vom Gehen und von der Hitze ziemlich mitgenommen. Dabei erlebte ich eine Ermüdungserscheinung, die mir noch nie passiert war. Im Wirtshaus, wo ich eine Flasche Bier getrunken und ein Brot gegessen hatte, zahlte ich die geringe Zeche mit einem großen Geldstück und ging, während die Kellnerin im Nebenzimmer die Münze wechselte, gedankenlos davon. Nach fünfzig Schritten holte das Mädchen mich auf der Straße ein und drückte mir zu meinem Erstaunen eine Menge Kleingeld in die Hand, was mich sehr fröhlich stimmte, da ich mein Anrecht darauf innerhalb zweier Minuten vollkommen vergessen hatte.

In Sankt Moritz hielt ich es nur eine Stunde aus. Immerhin sah ich viel; es war Sonntag, Musik und Kurpromenade. Unter den vielen Läden sind einzelne Italienerbuden mit Silbersachen, Seide und Stickereien, bei denen man köstliche Dinge sehen kann, bei nicht allzu übertriebenen Preisen. Die Promenade wimmelt von Toiletten, Figuren und Physiognomien, die sich am Boulevard des Italiens, in Ostende oder auch in Monte Carlo besser machen würden. Man sieht Lebemänner, internationale Dirnen, Mütter mit mannbaren Töchtern, Herumtreiber und Gauner mit den bekannten konfiszierten Gesichtern, halb Casanova, halb Frank Wedekind. Wenn man die Aussicht hat, in Bälde wieder allein zwischen Bergen und Wäldern zu sein, ist eine solche Stunde Aufenthalt in Sankt Moritz ein munteres komödienhaftes Vergnügen. Übrigens klagten die Hoteliers, die Saison sei mäßig.

Kaum hat man dies farbige Theater und die letzten künstlich gewundenen und geglätteten Spazierwege hinter sich, so sieht man plötzlich das eigentliche Oberengadin, von dem Sankt Moritz noch keinen Eindruck gibt. Eine unsäglich

Blick auf das alte Kirchlein von Sils-Baselgia

kräftige, kühle herbe Bergluft gibt allen Farben eine emailartige Frische, namentlich das Wasser des Flusses und der Seen hat einen Glanz und eine glasklare Tönung wie kaum in einem anderen Tal der Schweiz. Ein schöner Waldweg führt über dem Wasser hin, jenseits von Silvaplana am See vorbei nach Sils Maria. Und von hier sieht man über den zweiten See hinweg in die Berge und auf herrlich steile Gelände, und am Horizont liegt breit und fürstlich als Tor zum Süden das alte Maloja, das Bergell und die Wunderstraße nach Italien verbergend.

Eine Halbinsel im See, leider sehr kultiviert, trägt den wenig schönen Nietzschestein. Damen mit Sonnenschirmen stehen davor, und in Sils Maria, das für seine Einsamkeit und Stille berühmt ist, sind die teuren Hotels für Wochen hinaus bis aufs letzte Bett und den letzten Platz am Tisch besetzt. Freilich ist der Ort verlockend und nicht nur zum Rasten schön, sondern auch für mehrere Bergtouren günstig gelegen. Es tat mir leid darum, aber auf Reisen ist die erste Kunst die des Verzichtenkönnens, und ich hatte keinerlei Ausrüstung bei mir, nicht einmal den Bergstock.

Es muß an jenem Sonntag im Tiefland maßlos heiß gewesen sein, da sogar hier oben trotz eines kräftigen, kühlen Schneewindes das Gehen warm machte. Hinter Maloja stand dunkles Gewölk unbeweglich wie ein abenteuerlich hoher, frech gezackter Gebirgszug. Die Wanderung dieser bläulich verschleierten Ferne entgegen war verlockend schön. Bei Isola rastete ich kurz an einem versteckten, tief in einer schmalen Schlucht wühlenden Wassersturz, dann kamen mir in langen Zügen mit Geläute die heimkehrenden Kuhherden entgegen, und langsam legte ich, während der zunehmende Abendwind Kühlung brachte, den herrlich gewundenen Strandweg nach Maloja zurück. Dort hatte ich auf der großen Holzlaube eines vortrefflichen Gasthauses einen behaglichen Feierabend bei gutem Veltiner, ließ mir von der Wirtin die Schauergeschichte des Attentäters Orsini erzählen und sah die Schneefelder der Margna und des Lunghin verglühen.

Mein Plan war, hier zu übernachten, vielleicht einen kleinen Abstecher in die Höhe zu machen, und dann zu Fuß oder mit der Post denselben Weg durchs Engadin zurück zu nehmen, um dann über den Julier heimzugehen. Mein Reisegeld war in Preda stark geschmolzen, und zu Hause wartete Arbeit genug auf mich. Nun wollte ich wenigstens noch einen hungrigen Blick talabwärts ins Bergell tun. Bei den letzten Häusern von Maloja, wo die Straße sich biegt und zu fallen beginnt, öffnet sich die Aussicht, und man blickt der phantastisch gewundenen Straße nach in das herrliche Tal hinein. Ich hatte nicht lange hinuntergeblickt, da ließ ich den Julier, die Heimkehr und den Gedanken an die Arbeit fallen und gab der Verlokkung nach, auf diesem prachtvollen Weg schnell nach Italien zu streifen, Chiavenna zu sehen, den Comersee wieder einmal zu grüßen und einen Abend bei Chianti und Italienerliedern zu verschlemmen. Mit diesem Entschluß ging ich zu Bett und träumte die halbe Nacht von lauter welschen, farbigen, wohlschmeckenden Dingen.

1905

WINTERTAGE IN GRAUBÜNDEN

Von Klosters aus stieg ich an einem sonnenklaren, kalten Morgen die verschneiten Gassen und Matten hinan. Die Gipfel sprangen, einer nach dem anderen, ins milde Goldlicht des aufsteigenden Tages und lachten rosig in der milchig-sanften Himmelsbläue. Im Dorfe war wenig Leben, die Engländer schliefen noch im Grand Hotel, die Kinder waren in der Schule; man sah nur da und dort einen Bauern mit Schlitten und Kuhgespann bergaufwärts fahren, um aus den hochgelegenen braunen Holzschuppen Heu zu holen, oder einen anderen, der ins Holz ging und seinen schweren Handschlitten an den hohen Hörnern nachschleppte. Sonst kein Leben und kein Ton als das Knirschen meiner Sohlen auf dem gefrorenen Schnee und weit unten im Tal das kaum hörbare, entfernte Schnauben der Davos-Landquarter-Eisenbahn.

Langsam kam ich empor, über das Dorf hinaus und der Sonnengrenze näher, die mir unmerklich entgegenkam und nach der ich allmählich sehnlich begehrte, da mir Ohren und Hände steif und rot gefroren waren und weh taten. Der Weg war, obwohl nicht gepfadet, angenehm und wenig anstrengend, da der harte Schnee mich bequem trug und doch so viel nachgab, daß ich sicher und ohne Gleiten direkt aufwärts steigen konnte. Zwei Raubvögel, vermutlich Turmfalken, kreisten hoch und feierlich umeinander, sonst war außer mir nichts Lebendiges mehr am Berge sichtbar.

Aufatmend erreichte ich die höheren, von der Sonne beschienenen Schneematten. Hier herrschte kein Frost mehr, während ich noch vor einer Stunde in einer Kälte von zwölf

Grad gegangen war. Aber nach kurzer Zeit war die Blendung so stark, daß ich die Schneebrille aufsetzen mußte. Über die steil geneigten, von der leuchtenden Schneedecke weich abgerundeten Hänge flutete das Licht des jungen Tages diamanten und festlich, spielte in jähen Irisfarben, lachte eisig und unerträglich auf glatten Flächen, füllte Mulden und Hangränder mit zarten, schön blauen Schatten. Reif und Eis schmolzen mir vom Schnurrbart, die Luft begann sich leise zu erwärmen, und ich hielt eine erste kurze Rast, um diese Herrlichkeit zu begrüßen und die beginnenden Freuden der Wintersonne vorauszukosten.

Denn es gibt in der weiten Welt nichts Wunderbareres, Edleres und Schöneres als die Hochgebirgssonne im Winter. Von Schnee und Eis und Stein zurückgeworfen, spielt Licht und Wärme schwelgerisch in den unbeschreiblich durchsichtigen winterklaren Lüften – ein Licht und ein Strahlen feiner, zarter, trockener Wärme, von dem das Tiefland auch an den glänzendsten Tagen keine Ahnung hat.

Der lichte Himmel nahm allmählich tiefe Farben an, von Gipfel zu Gipfel gespannt, ruhte er tief und strahlend ohne jeden kleinsten Dunst, blau bis zur Farbe der Veilchen. Zugleich nahm die Wärme zu und ich rastete oft auf dem Schnee, um nicht in Schweiß zu kommen. Den Rock trug ich längst überm Arm und die Handschuhe in der Tasche.

Hinter den obersten einsamen Heuhütten begann Tannenwald und hinter dem Tannenwald stiegen unzugänglich senkrechte Steinwände in den Himmel mit fast gewaltsam scharfen, grellen Umrissen. Rückwärts übersah ich nun das tiefe und weite Tal, ungezählte Gipfel, berühmte und namenlose, und im Schnee verlorne winzige Dörfer, ganz unten die

dunkel fließende Landquart. Inzwischen hatte ich die Mütze abgelegt und das Hemd aufgeknöpft. Dann suchte ich mir zwischen Wald und Felsen einen geschützten Ort, wo verdorrtes Moos und Heidekraut schneefrei und trocken in der Sonne brannte. Dort legte ich mich hin, aß ein Stück Schokolade und ruhte gründlich aus.

Ich lag wie im Sommer, fühlte die Dezembersonne auf Nacken und Arme brennen und dachte mit Behagen an meine Heimat am Bodensee, wo jetzt feuchte Kühle und Nebel herrschten. Dann begann ich mir Hände und Arme mit Schnee zu waschen. Und da dies köstlich wohltat, warf ich eilig Schuhe und Strümpfe und alle Kleider ab, tat einen Freudenschrei und badete mich erschauernd im körnigen Schnee. Als ich wieder in den Kleidern war und in der Sonne lag, fühlte ich unter der erfrischten Haut mein Blut wohliger und wärmer und lebendiger kreisen als je nach dem raffiniertesten Dampfbad.

Einen Teil des Rückweges konnte ich, auf meiner Lodenjacke sitzend, über den Schnee abrutschen, den Rest legte ich zu Fuß zurück und kam gerade zur rechten Zeit nach Klosters, um bei einem guten Mittagessen meinen inzwischen scharf gewordenen Hunger zu stillen.

Im Hotel waren außer mir nur Engländer, und die Ruhestunden und langen Winterabende wurden mir einigermaßen zur Qual. Ich hatte zum Glück ein gutes Buch mit; es heißt »Maria-Himmelfahrt« und ist von einem Arzt in Bozen geschrieben und erlebt. Aber immer konnte ich nicht lesen, und die Unterhaltung mit den Engländern hatte Schwierigkeiten, da sie wenig mehr Deutsch und Französisch konnten als ich

Englisch. Überdies ließ man mich fühlen, daß ich nur ein Einheimischer war und daß ich im Touristenkleid zu den feierlichen Mahlzeiten kam.

So blieb mir nichts übrig, als zu lesen, mich zu mopsen und die Gäste zu beobachten. Sie fühlten sich offenbar im Hause schon ganz heimisch und trieben es nach ihrer Art fröhlich, laut und rücksichtslos. Der eine pfiff mit ausdauerndem Atem schöne Lieder, der andere knackte im Salon Haselnüsse mit den Stiefelabsätzen auf, ein Mädchen spielte auf dem Billard mit der weißen Hauskatze. Wer von schüchterner Gemütsart ist, hat es so zwischendrin nicht leicht, er muß verzweifeln oder sich an den Wein halten, und das tat notgedrungen auch ich. Graubünden ist ja erstaunlich reich an guten Weinen, und im obersten Rheintal wachsen einige Trauben, die sich vor denen des mittleren Rheines nicht zu schämen brauchen.

Ein merkwürdig gesegnetes Weinnest ist Malans, ein schönes Dorf zuunterst im Landquarttale, an dessen oberem Ende ich jetzt sitze. Neben vorzüglichen, pikanten, leicht prickelnden Rotweinen wächst dort ein vor Zeiten von den Spaniern angepflanzter, goldener und schwerer Weißwein. Er heißt Completer und ist nur in seiner Heimat erhältlich, da er die schnurrige Eigenschaft hat, blau zu werden, wenn er in der Flasche geschüttelt wird. Es wäre besser, die Weinhändler würden blau, die sich bemühen, diesem »Übelstande« abzuhelfen.

Zu meinem Glück kam abends manchmal der hiesige Arzt ins Hotel zu einem Billard. Er spielte so schlecht wie ich und erzählte mir von seiner Landpraxis, der er auf Schneeschuhen nachgeht.

Die Straße von hier nach Davos führt über Laret und Wolfgang in großen Kehren und Schlingen bergauf, zum Teil durch Tannenwald. Oben im Davoser Tal ist es noch sinniger, aber nachts und bei trübem Wetter auch viel kälter als in Klosters; Nachttemperaturen von dreißig Grad und mehr sind dort nicht selten. Die beiden Orte Davos-Dorf und Davos-Platz sind als Hoteldörfer das Grauenhafteste, was es in den Alpen gibt, aber das Tal ist wunderbar, überall der Sonne geöffnet und von reichgezackten herrlichen Bergen umgeben. Für Schlitteln, Skisport und Eislauf kann man sich nichts Verlockenderes denken, und es ist auch eine Menge englischer und anderer Sportsleute dort. Ich begreife das, ohne mitzumachen; mir ist beim Anblick der vielen Riesenhotels und Sanatorien und beim Anblick der bis weit in die Landschaft hinaus aufgestellten Tafeln, die den Schwindsüchtigen das Ausspucken verbieten, die Lust an Davos so ziemlich vergangen.

Die Art, wie in Davos der Wintersport betrieben wird, ist flott und imponierend. Man sieht prächtige Menschen jeden Alters mit geübten Gliedern sich bewegen. Die Schlittschuhplätze sind groß und glashart, ringsum ist das Land für Skitouren wie geschaffen und die Schlittenbahnen sind die besten, die ich gesehen habe. Immerhin ist der Ton solch internationaler Sportplätze für empfindsame Reisende nicht lange erträglich, und auch ich nahm nach einigen Stunden gern wieder Abschied, um auf meinem Bergschlitten nach Klosters zurückzukehren.

Nie habe ich eine schönere Schlittenpartie gemacht. Die Fahrt auf dem gut gebahnten, genügend steilen Weg ging rasch und flott, ohne übermäßig anzustrengen, und ich fuhr, auf dem niederen Schlitten zurückgelehnt, beinahe flach auf dem Rücken liegend, durch Wald und an schönen weiten Ausblicken vorbei, das Auge bald auf den Weg gerichtet, bald im hohen reinen Himmel ruhend, während feine, vom Schlitten aufgerissene Schneestaubwolken mir kalt und prickelnd übers Gesicht stoben. Unterwegs holte ich einen Bobsleigh, einen langen Sportschlitten mit fünf Fahrern, ein. Er hatte umgeworfen und war völlig zerbrochen, und die fünf Fahrer standen dabei, rieben sich schmerzende Glieder und wären in der Eile beinahe von mir nochmals umgerannt worden.

Den Weg, den man in etwa anderthalb Stunden bergauf gestiegen ist, legt man rückwärts auf dem Schlitten in knapp zehn Minuten zurück. Im Dahinfahren durch den weißen Bergwinter, tausend Meter über dem gewohnten Leben, vergißt man alles, was des Vergessens wert ist, und reitet sausend talab, aus dem Gipfelglanz und der Sonnenwärme der Höhe in die strenge Kühle des totenstillen Bergtales hinunter. Der Geist der Berge geht mit, der große Tröster –

Und manchmal, wenn ich im Herzen litt,
Ging er auf Gletscherwegen leise mit
Und legte gütig seine kühle Hand
Auf meine Stirne, bis ich Frieden fand.

1906

Zwischen St. Moritz und Locarno besteht insofern Verbindung, als sehr viele Fremde, auch Kranke, die den Winter im Gebirge verbracht haben, bei [Schließung] der dortigen Hotels nach Locarno etc. gehen, ich selbst machte es, zusammen mit einem Freunde, vor zwei Jahren auch so. Dies und der Freund erinnert wieder an Hotel, Gastsein, Dankbarkeit und Geldkomplex, ich war lang im Hotel in St. Moritz sein Gast,[1] er legte Wert darauf, mich in der Nähe zu haben und mit mir täglich zu plaudern, und ich nahm die Gastfreundschaft, die recht kostspielig war, gerne an. An sich würde ich nie nach St. Moritz gehen und in einem komfortablen Hotel dort längere Zeit wohnen, nicht nur aus Scheu vor den hohen Kosten, sondern vor allem aus Abneigung gegen solche Modeorte, gegen Art und Publikum solcher mondäner Hotels. Aber als Gast, so nebenher, gelegentlich kurze Zeit in solcher Welt zu leben, gewissermaßen eine kleine Weile so spielen und mimen, als gehöre ich auch zu dieser Welt, machte mir je und je Spaß.

Notiz vom 19. 8. 1918

1 Im Februar 1916 war Hesse in Davos, ein Jahr später, Februar bis März 1917, als Gast von Emil Molt im St. Moritzer Hotel Suvrettahaus zum Skilaufen. Dort fand eine seiner Lesungen zugunsten der Kriegsgefangenenfürsorge statt.

WINTERFERIEN

Nie geht es so, wie man es sich gedacht hat. Seit Jahren bemühe ich mich, mein Waldmenschenleben etwas mehr in Einklang mit dem zu bringen, was man in Berlin Kultur nennt, habe nun schon mehrere Winter in Städten gelebt, habe ein Absteigequartier in Zürich, wagte mich gelegentlich bis Stuttgart, bis Frankfurt, bis München vor, und je und je trug ich mich sogar ernstlich mit dem Gedanken, einmal heimlich und inkognito einen kurzen Besuch in Berlin zu machen, nur um zu sehen, ob denn tatsächlich meine Vorstellungen von dieser Metropole so rückständig und albern seien, wie man mir täglich sagt. Und nun sitze ich, statt in Berlin, achtzehnhundert Meter hoch im Graubündner Gebirge, in Arosa, wohin man mich aus freundlicher Rücksicht auf meine Gesundheit geschickt hat. Es sind aber nicht die Lungen, und ich bitte, mir weder Adressen von Ärzten noch Muster von Heilkräutertees zu schicken, es ist nicht dies, was mir mangelt.

Als sie mich hier hinauf in den Schnee schickten, haben meine Freunde, sofern sie nicht einfach den Wunsch hatten, mich für eine Weile loszuwerden, sich gedacht, daß es die reine, kalte Höhenluft sein werde, die mir fehle, daß ich vielleicht genesen werde, wenn statt der dicken Atmosphäre der Bahnhöfe, Studierzimmer, Ballsäle mich Sonne, Schnee und Sternenluft der Berge umgäbe. Und nun bin ich hier, in Arosa, seit mehr als zehn Jahren zum ersten Mal wieder in den Bergen. Statt der Großstadt Schnee, statt der »Kultur« Tannenwälder und Föhnstürme, statt Berlin Graubünden –

so wurde ich, wider meinen Willen, diesmal geführt. Und, wie immer, erweist sich die Führung als vortrefflich, und außerdem geht es auch diesmal wieder so, daß sich mir im völligen Fehlschlagen eines Planes dennoch ein Teil dieses Planes ungesucht erfüllt. Denn ich habe hier oben, wenn auch nur einen Abend lang, Berlin und Berliner Luft gefunden und mich einige Stunden lang in meinen Vorübungen für das Großstadtleben vervollkommnen können.

Zunächst empfingen mich die Berge, die ich in meiner Jugend so sehr geliebt und so viel umworben und beschlichen, dann aber viele Jahre lang ganz und gar verlassen, vernachlässigt und beinah vergessen hatte, keineswegs sehr freundlich. Es gibt in der Natur keine Sentimentalitäten, und während ich im langsamen Emporsteigen nach Arosa, im Wiedersehen der eingeschneiten Tobel, der finstern Bachschluchten, der strahlenden weißen Gipfel mit Beklemmung und Rührung einen Teil meiner Jugend wieder in mir erwachen fühlte und von hundert wehmütigen Erinnerungen bestürmt war, erwiderten die Berge diese zärtliche Begrüßung mit der stillen, harten und etwas spöttischen Gelassenheit, mit der die Natur uns Menschen, ihre begabtesten und verlaufensten Kinder, stets empfängt. Sonderbare Gefühle machten mir das Atmen schwer, bei jedem Schritt wurde ich daran erinnert, daß ich kein Jüngling mehr sei, sondern ein beschädigter Rekonvaleszent, daß es sich für mich vorerst nicht um ein Wiederholen der Jugendzeiten handle, mit Ski-Touren über schweigsame Pässe und auf strenge mühsame Gipfel, sondern daß ich mich zunächst im Allerprimitivsten anzupassen und zu bewähren habe. Zwischen Schwitzen und Frieren, mit lästigen kleinen Fieberschaudern, mit beständig ängstlichem und leicht schmerzendem Herzen, schlaflos in den Nächten, mußte ich die erste Anpassung vollziehen, und Tage vergingen, ehe ich nur daran denken konnte, meine Skier anzuprobieren, geschweige denn auf ihnen zu fahren.

Ein vortreffliches Hotel kam mir zu Hilfe, ich lernte halbe und ganze Tage mit Nichtstun hinzubringen, im Bett, im Salon, im Liegestuhl. Aber so nach und nach wagte ich mich auch in den Schnee hinaus, wo auf glattgefahrenen kleinen Übungshügeln die Kurgäste zu Hunderten auf Skiern herumturnen und sich von Lehrern oder von geübteren Kameraden das Skilaufen beibringen lassen. Ich sah, daß auch auf diesem Gebiet Fortschritte und Neuerungen in Menge erfunden worden waren. Man stöpselte nicht mehr, wie einst in meiner Jugend- und Skiläuferzeit, auf gut Glück den Berg hinan und hinunter, mit dem einzigen Ziel, baldmöglichst sich von Dorf und Hotel freizumachen und Gipfel zu erreichen, sondern man trieb sachlich und geordnet Sport um seiner selbst willen. Ich machte mich mit Zagen daran, schnallte meine alten Bretter an, ein Paar gute alte Norweger Skier, auf vielen kunstlosen Touren glatt und dünn gefahren. Die Jugend war nicht mehr da, es fehlte an Kraft und Atem, an Ehrgeiz und Unternehmungslust. Aber das, was ich vom Skilauf einst, vor zwölf und fünfzehn Jahren, gelernt hatte, das konnte ich alles sofort wieder.

Kaum hatte ich mich wieder ein wenig an die Bergluft gewöhnt und konnte eine Hoteltreppe oder einen Übungshügel ohne allzuviel Herzklopfen ersteigen, da wagte ich es auch, den Parkettboden der Kultur hier oben zu betreten, und hielt eines Abends im Kursaal eine Vorlesung. Es waren aus Berlin und dem übrigen Deutschland so viele schöne, ver-

Hermann Hesse mit Ninon Dolbin im Januar 1928 in Arosa

gnügte, hübsch angezogene Frauen und Mädchen da, daß ich gar nicht dazu kam, gegen besagtes Parkett die gewohnten Hemmungen zu empfinden, ich hatte eine Stunde lang sogar den Eindruck, mich diesmal mit dieser Welt der vergnügten, eleganten, sportlichen, großstädtischen Menschen vorzüglich verständigen zu können. Nun, die literarische Unternehmung nahm ihren Verlauf, und kaum war sie abgetan, so gingen wir zu weniger ernsten Unterhaltungen über, saßen bei Wein und Imbiß im Kursaal, hörten die Jazzkapelle spielen, sahen schöne, elegante Paare die neuen Tänze tanzen, und überall in dem strahlenden Saal herrschte jene frohe schneidige Lebensbejahung, jener gut gefederte Geselligkeitsapparat, jener strahlende und Problemen abgeneigte Optimismus des Nachkriegsmenschen, den ich so sehr anstaune und leider so gar nicht erlernen kann – kurz, ich war einen Abend in Berlin oder Paris, und mit Hilfe des guten Weines gelang es mir, mich beinahe wie ein Angehöriger dieser Welt zu benehmen, wenn auch nicht zu fühlen. Aber nachher sagte mir ein Katzenjammer, daß ich mich doch getäuscht habe, und daß das Parkett, der Salon und der Tanzboden für mich weit gefährlicher und unbekömmlicher sei als der Übungshügel. Ich zog mich wieder zurück, um in meinem kleinen saubern Hotelzimmer mich mit Gedichten und kleinen Malereien zu beschäftigen. Draußen schneite es, schneite Tag und Nacht, die Arven bogen sich unterm Schnee, und als der Kulturkater überstanden war, merkte ich eines Morgens, daß die Natur, die mich hier oben so kühl und gelassen empfangen hatte, nur auf ein wenig Werbung und Liebe warte, um mir wieder wie vor Zeiten ihre vielen geheimnisvollen Gesichter zu zeigen. Konnte ich auch noch keine richtigen Touren machen, die Sinne waren mir doch erwacht, und so wie ich beim kühl rosigen Abendlicht mit den Augen die Schatten und Mulden der Berghänge ablas, so spürte ich, auf den Skiern, im Abfahren mit allen Gliedern und Muskeln, besonders aber mit den Kniekehlen, tastend die lebendige, wechselvolle Struktur der Hänge nach, wie die Hand eines Liebenden den Arm, die

Schulter, den Rücken der Freundin erfühlt, seine Bewegungen erwidert, seinen Schönheiten tastend Antwort gibt. Erst jetzt bin ich wieder in den Bergen, erst jetzt ist mir Schnee und Himmel, Arvenwald und Felszacke wieder vertraut und lieb. Ich sitze in der Mittagsstunde oben bei einer der Hütten am Tschuggen, packe mit Appetit mein Brot und Obst aus dem Rucksack, esse, strecke die Glieder, lege mich auf eine trockene Holzbank, fühle die heftige Sonne auf meinem schon rot gebrannten Gesicht glühen, höre vom Dach der Hütte das vertrauliche Geräusch des abtropfenden Tauwassers, das mitten in der Schneewüste wie ein schüchternes Lied von Vorfrühling, von kommenden Blumen klingt. Ich steige auf knirschenden Brettern einen der großen Hänge hinauf, wo der Wald zu Ende ist und nun Kuppe an Kuppe weiß und gefroren sich erhebt und mich an verwegene hohe Bergpässe in Tibet erinnert. Ich fahre einen der Hänge hinab, weich in den Knien, fühle die Form der hundert kleinen Terrassen und Wölbungen bis in den Kopf hinauf sich in mich einschreiben, musizieren, mich zu Abenteuern der Liebe und Vereinigung einladen. Ich erschrecke vor einem plötzlichen Absturz, an dessen Ende ein schwarzer offener Bach droht, oder vor einem kahl aus dem Schnee ragenden Steinklotz, suche ihm eilig auszuweichen, verliere die Herrschaft über meine Brettchen, falle heftig und doch weich gegen den Berghang, spüre Schnee am Hals und Nacken kitzeln, spüre Schreck und Erschütterung noch eine Minute nach, während ich mich wieder aufsammle und von neuem losfahre. Ich muß über einen Zaun steigen, ich streife mit den Hölzern über die rostigen Zweige von Alpenrosenstauden, die aus dem Schnee schauen, ich falle wieder, und jeder Anblick, jedes Abenteuer, jeder Fall erinnert mich an hundert vergessene Bilder, an hundert ähnliche kleine Erlebnisse aus früheren Jahren, an das Engadin, an das Prättigau, an den Gotthard und das Berner Oberland. Es sind kleine Anfängerausflüge, die ich da mache, und ich brauche zu einem Gang, den ein richtiger Skiläufer so nebenher in einer freien Stunde macht, einen halben Tag. Aber ich habe wieder gelernt, die Qualität des Schnees zu riechen, mich vom Berg tragen zu lassen, seine Neckereien mit dem Druck meiner Muskeln zu parieren.

Und ich erlebe diese kleinen Dinge anders, als ich sie einst in der Jugend erlebt habe, etwas dünner vielleicht und ohne Zweifel weniger lodernd und heftig, aber dafür tastender, zarter, schonender, erfahrener, so wie ein alternder Liebhaber der Frau statt blinder Jugendglut und Jugendkraft mehr Zartheit, mehr Verständnis, mehr Dankbarkeit entgegenbringt. So werbe ich um die Berge, die einstmals meine Freunde waren und die ich dann beinahe vergessen hatte, und sie gehen auf meine Werbung ein, nicht überschwenglich, nicht pathetisch, aber freundlich. Sie lassen ein wenig mit sich spielen, sie schenken mir manchen holden Blick, sie stellen mir dann wieder plötzlich ein Bein und erschrecken mich einen Augenblick mit einem ihrer dunklen, ihrer feindlichen Gesichter (beschneite Berge in der Abenddämmerung oder vor schwerem Schneefall können so schauerlich drohend, so tief feindlich, so tödlich blicken!).

In zwei Wochen muß ich eigentlich wieder fort, ich muß unten in einer Stadt eine Vorlesung halten, und dies und jenes tun. Ich habe die Absicht, diese Pflichten zu erfüllen. Aber wenn ich manchmal so im Schnee taumle und mich von einem Fall aufrichte, wünsche ich mir zuweilen, es möchte mir doch am letzten Tage vor der Abreise ein kleiner Unfall begegnen, nur so ein kleiner Ski-Unfall, der einen nicht umbringt und der doch genügen würde, um meine Ferien in Arosa um einige Zeit zu verlängern.

1928

WINTERNOTIZEN AUS AROSA UND ST. MORITZ

(in Briefen 1929-1931)

Es ist leider so teuer und [es sind] so viele Menschen hier, daß ich mich eigentlich immer ein wenig schäme, in dieser Atmosphäre eines gewissen Luxus zu sein. In den menschlichen Dingen freilich wird kein Luxus getrieben, man hat weder Platz noch Ruhe, überall Geschwatz und Musik und alle die »Komforts« unsrer so bedürfnislosen Zeit verderben die Luft. Aber das ist alles in Arosa, draußen in den Bergen gibt es zwar auch Menschen genug, aber neben Sonne, Schnee und Wind kommen sie nicht auf, und die meisten, sogar die Berliner, werden draußen freundlicher und kindlicher.

Aus einem Brief Hesses vom 6. 2. 1929 aus Arosa, Hotel Alpenrose, an Heinrich Wiegand

Also da sind wir in unserm riesigen fünfstöckigen Millionärshotel, und es kommt mir natürlich komisch vor, so auf großem Fuß (pro Person täglich 30 Fr. Pension) inmitten einer Berliner und internationalen Schieber- und Kapitalistenwelt zu leben. Aber es gefällt uns beiden recht gut, und das Milieu hat den Vorteil, daß niemand mich kennt und sich mir aufdrängt, denn hier gilt nur Geld und Rang, man muß täglich Sekt trinken oder Graf sein, um vom Nebenmann beachtet zu werden, also haben wir es gut und leben ganz still.

Aus einem Brief an seine Schwester Adele vom Januar 1930
aus St. Moritz, Hotel Chantarella

An Heinrich Wiegand

Chantarella bei St. Moritz
[10.] Februar 1930

Lieber Herr Wiegand!
Danke für Ihren lieben Brief über den »Goldmund«.[1] Ich selber möchte mich dazu nicht äußern, die Kritik wird ihn mir ja dann schon genügend um die Ohren schlagen. In summa: was meine Art und die bessern meiner Werke ungefähr innerhalb dessen bedeuten, was man heute Dichtung nennt, glaube ich ungefähr zu wissen. Aber leider interessiert das mich sehr wenig. Lieber möchte ich wissen, ob auch innerhalb der wirklichen Dichtung, der zeitlosen, mein kleiner Gesang eine Stimme ist. Und das weiß man eben nicht, auch Sie nicht, Verehrter, der Sie doch Kritiker sind.

Ich sitze, nachdem wir 3 Wochen hier völlig allein gewesen

waren, jetzt mitten in der Literatur, Jakob Wassermann mit Frau[2] ist für 14 Tage im Hotel und ebenso der Schwiegersohn und Nachfolger meines Verlegers mit seiner zum Glück entzückenden Frau.[3] Persönlich habe ich übrigens Wassermann recht gerne.

Der Freund,[4] der mir den Hauptzuschuß für den sehr teuren hiesigen Aufenthalt gegeben hat, ist der Magier aus dem »Klingsor«,[5] er ist inzwischen sehr reich geworden und hat sich bei St. Moritz ein Haus gebaut, voll von Kindern aus drei Ehen, wir sehen uns zuweilen. Noch näher steht mir Freund Louis der Grausame,[6] ebenfalls aus dem »Klingsor«, der wohnt auch in St. Moritz, d.h. seine Frau und Familie wohnt seit Jahren hier, er selber ist immer auf Reisen. Aber jetzt ist er da und ist ein glänzender Skiläufer, oft gehen wir miteinander aus. Leider kann ich auf Skiern und Füßen nicht mehr viel leisten, der Unterschied noch gegen das letzte Jahr ist lächerlich groß, ich bin sofort müde, habe Krämpfe in den Beinen und spüre leider immer auch das Herz, aber ein wenig Spaß macht das Skilaufen mir immer noch, und wenn ich an einem steilen Hang im Schuß den Christiania[7] drehe, ohne daß es mich hinschlägt, so freut mich das. Und die Dinge, die einem ein bißchen Freude und Spaß machen, sind so sehr selten, man kann sie nicht überschätzen.

Darum bleibe ich auch mit Ninon[8] so lang wie möglich hier, ich denke, bis Ende Februar, vielleicht noch eine Woche länger. Ihnen und der Frau Lore die herzlichsten Grüße, vielleicht schreibt Ninon ein paar Zeilen hinzu.

Alles Gute von Ihrem H. Hesse

1 »Narziß und Goldmund«. Erzählung von Hermann Hesse, S. Fischer, Berlin 1930.
2 Jakob Wassermann (1873-1934), Romancier, und seine Frau Marta (1889-1965).
3 Gottfried Bermann Fischer (1897-1995) und seine Frau Brigitte (1905-1991).
4 Der Ingenieur Joseph Englert (1874-1957).
5 Hermann Hesse, »Klingsors letzter Sommer«. Erzählung, 1919.
6 Der Maler Louis Moilliet (1880-1962).
7 Kurvenschwung beim Skifahren.
8 Ninon Dolbin (1895-1966), ab 1931 Hesses dritte Ehefrau.

Es geht äußerst nobel und literarisch hier zu, Verleger Fischer mit Familie,[1] Thomas Mann mit Frau und Tochter,[2] Wassermann mit Frau und Söhnlein[3] sind in unsrem Hotel, zum Glück sind es lauter nette Menschen, gegen die ich nichts habe, und zwei davon sind sogar entzückend: die Frau von Thomas Mann und ihre kleine Tochter. Es ist die, die öfter in seinen Büchern vorkommt,[4] zwölfjährig, Anfängerin im Skilaufen, aber dazu höchst begabt, eifrige Leserin von Karl May, ein reizender, knabenhafter, sehr großgewachsener Kerl, ich gehe je und je mit ihr Skilaufen.

Aus einem Brief Hesses vom 7. 2. 1931 an Heinrich Wiegand aus St. Moritz, Hotel Chantarella

1 Samuel Fischer (1859-1934) und seine Frau Hedwig (1871-1952).
2 Der Schriftsteller Thomas Mann (1875-1955), seine Frau Katia (1883-1980) und Tochter Elisabeth (1918-2002).
3 Carl Ulrich (Charles) Wassermann (1924-1978), fünftes Kind von Jakob Wassermann.
4 In Thomas Manns Hexameterdichtung »Gesang vom Kindchen« und der Erzählung »Unordnung und frühes Leid«.

»Drei Männer im Schnee«. Hermann Hesse mit Thomas Mann und Jakob Wassermann im Januar 1931 auf der Chantarella/St. Moritz

An Thomas Mann

Chantarella im Engadin,
20. Februar 1931

Lieber verehrter Herr Thomas Mann!
Haben Sie schönen Dank für Ihren Gruß und für den Aufsatz Ihres Bruders.[1] Ninon war neulich sehr erfreut über den Gruß von Ihrer Frau, und es war hier jeden Tag von Ihnen dreien[2] oft und herzlich die Rede.

Im Augenblick sind wir eingeschneit. Es schneit seit drei Tagen ohne Pause, und seit gestern kann man draußen sich nur noch auf wenigen halbwegs frei gehaltenen Wegen mühsam bewegen. Der meterhohe neue Schnee ist gefährlich, Skilaufen ist im Moment unmöglich, der Schnee kommt leicht ins Rutschen und bildet dann gleich Lawinen – heute morgen mußte nahe beim Haus ein Bauer mit zwei Pferden ausgeschaufelt werden, die in rutschenden Schnee geraten waren und um Hilfe riefen.

Die Akademiefrage[3] hat für mich etwas Bedenkliches dadurch bekommen, daß ich nun vorerst mit den andern Ausgetretenen in einen Topf geworfen werde. Auch im Aufsatz Ihres Bruders ist nur von den ausgetretenen »Herren« die Rede.[4]

Das wird rasch vergessen werden, und die allzu Nationalen, die sich heut mit auf mich berufen, werden sehr bald wieder Gelegenheit haben, mich als Feind zu erkennen und zu behandeln.

Meine persönliche Stellung zu der Frage ist, unter uns gesagt, ungefähr diese: Ich bin nicht mißtrauisch gegen den jetzigen Staat, weil er neu und republikanisch ist, sondern weil er mir beides zu wenig ist. Ich kann nie ganz vergessen, daß der preußische Staat und sein Kultusministerium, die Schirmherren der Akademie, zugleich die verantwortliche Instanz für die Universitäten und ihren fatalen Ungeist sind, und ich sehe in dem Versuch, die »freien« Geister in einer Akademie zu vereinen, ein wenig auch den Versuch, diese oft unbequemen Kritiker des Offiziellen leichter im Zaum zu halten.

Dazu aber kommt noch dies, daß ich als Schweizer Staatsbürger gar nicht in der Lage bin, aktiv mitzutun. Bin ich Mitglied der Akademie, so anerkenne ich damit den preußischen Staat und seine Art, den Geist zu verwalten, ohne doch Angehöriger des Reichs oder Preußens zu sein. Dieser Mißklang hat mich am meisten gestört, und seine Beseitigung war mir bei meinem Austritt das Wichtigste.

Nun, wir sehen uns ja wieder, und vielleicht bekommt alles mit der Zeit wieder ein anderes Ansehen.

Wir beide grüßen Sie herzlich, ich zeige meinen Brief auch Ninon, die wohl einen Gruß für Ihre Frau beifügen wird.

Herzlich Ihr H. Hesse

1 Heinrich Mann, »Die Preußische Sektion für Dichtkunst«, in »Vossische Zeitung«, Berlin, 15. 2. 1931.

2 Auch Thomas Mann war in der ersten Januarwoche gemeinsam mit seiner Frau und Tochter Elisabeth in St. Moritz (Chantarella) gewesen.

3 Am 10. 11. 1930 trat Hesse aus der »Preußischen Akademie für Künste«, »der einzigen offiziellen Zugehörigkeit, auf die ich mich im Leben je eingelassen habe«, wieder aus, in die er im Oktober 1926 gewählt worden war. Begründend schrieb er im November 1930 an Wilhelm Schäfer: »Ich habe das Gefühl, beim nächsten Krieg wird diese Akademie viel zu der Schar jener 90 oder 100 Prominenten beitragen, welche das Volk wieder, wie 1914 im Staatsauftrag über alle lebenswichtigen Fragen belügen werde.« Schäfer und seine völkisch gesinnten Kollegen Erwin Guido Kolbenheyer (1878-1962) und Emil Strauß (1866-1960) benützten diesen Anlaß als Vorwand für ihren

eigenen wenig später (am 5. 1. 1931) erfolgten Austritt. Doch ganz im Gegensatz zu Hermann Hesse hatten sie kaum eine andere Wahl, da die Mehrheit der Akademiemitglieder, u. a. Alfred Döblin (1878 1957), Walter v. Molo (1880-1958), Oskar Loerke (1884-1941), an der Spitze Thomas Mann, Schäfer (1862-1952) und seinen Gefolgsleuten den Austritt aus der Akademie nahelegten, indem sie beantragten, Schäfers Geschäftsordnung zurückzuziehen.

4 Es heißt im Aufsatz von Heinrich Mann: »Die Sektion hat den Austritt jener Herren durchaus begriffen. Jetzt muß sie aktiv werden … Sie hat fortan die Geistesfreiheit zu verteidigen, gleichgültig, welche geistige Richtung verfolgt wird.« Aus dem Aufsatz geht hervor, dass H. M. hier die beständigen Quertreibereien der ausgetretenen E. G. Kolbenheyer und W. Schäfer in den Arbeitssitzungen der Akademie meinte.

In unserem Hotel ging es diesmal ganz anders zu als voriges Jahr. Damals waren wir sechs Wochen lang vollständig unbekannt und unbeachtet hier im Haus, ohne eine einzige Bekanntschaft zu machen. Diesmal war mein Verleger Fischer hier, und die Kollegen Thomas Mann und Jakob Wassermann mit Familie, und da waren wir auf einmal berühmte Leute, und lernten jedermann kennen, und man kommt aus dem Grüßen nicht heraus, es ist eher blöd. Immerhin waren zwei nettere Bekanntschaften dabei, und das Netteste war die Frau und die jüngste Tochter von Th. Mann (Elisabeth Mann); mit dem zwölfjährigen Mädchen bin ich viel Ski gelaufen, und habe mich aus den feierlichen literarischen Unterhaltungen abends manchmal ins Spielzimmer der Kinder hinüber gedrückt.

Aus einem Brief vom Februar 1931 an seinen Sohn Heiner,
Hotel Chantarella, St. Moritz

ELISABETH MANN-BORGESE

Begegnungen mit Hermann Hesse

Ich war zwölf Jahre alt, als ich Hermann Hesse zum erstenmal begegnete. Er kam, meine Eltern im damals wunderschönen Hotel Chantarella oberhalb von St. Moritz im Schweizer Engadin zu besuchen. Natürlich hatte ich noch nichts von ihm gelesen, aber meine Mutter erklärte mir, er sei ein sehr großer Schriftsteller, und davon konnte ich mir ein ziemlich gutes Bild machen.

Ich war daher ein wenig skeptisch, als er mir vorschlug, am nächsten Tag mit mir und meinem guten Skilehrer, dem Herrn Schaller, auf die Corviglia[1] zu fahren. Die Drahtseilbahn ging damals schon auf die Corviglia – aber nicht weiter. Wenn man weiter hinaufwollte, zum Beispiel auf den Piz Nair,[2] dann mußte man mit Seehundfellen an den Skiern aufsteigen.

Wenn er ein guter Schriftsteller ist, kann er nicht gut Ski fahren, dachte ich mir. Denn mein Vater, von dem ich wußte, daß er ein großer Schriftsteller war, konnte es absolut nicht. Um uns Kindern einen Gefallen zu tun, hatte er es einmal während eines Winteraufenthaltes in Kloster Ettal versucht, es muß so um 1925 gewesen sein – war aber nach den ersten zehn Schritten, noch ehe wir den Babyhügel erreicht hatten, sehr verärgert wieder umgekehrt. Das war nun gar nichts für ihn.

1 Skigebiet oberhalb von St. Moritz, etwa 2000 m hoch gelegen. Mit 200 km Piste ist es das größte der Schweiz.

2 3057 m hoher Berg der Albula-Alpen im Skigebiet Corviglia.

Wintersport mit Thomas und Katia Mann, Ninon Dolbin, Hermann Hesse und Elisabeth Mann im Januar 1931 in St. Moritz

Wenn ich mir nun vorstellte, mit Hermann Hesse müßte es ähnlich gehen, so hatte ich mich gründlich getäuscht. Ich sehe ihn noch vor mir, seine magere Figur in seinem dunkelblauen Skianzug mit den norwegischen Wickelgamaschen auf seinen sehr langen Skiern, wie er in eleganten Telemark-Serpentinen[3] durch den frischen Tiefschnee die steilen Hänge hinunterglitt.

3 Eine aus Norwegen stammende Abfahrtstechnik beim Kurvenfahren auf Skiern.

Seine Gattin, Frau Ninon, war weniger zum Skifahren begabt. Ihm zuliebe versuchte sie es, und wir trafen uns öfters mit meiner Mutter, die auch etwas fuhr, auf dem Babyhügel. Frau Hesse hatte solch panische Angst vor dem Abfahren, daß sie verzweifelt höher und höher stieg, nur um die Abfahrt hinauszuschieben, was dann die Situation nur noch verschlimmerte. Zu Telemark-Serpentinen hat sie es nie gebracht.

Hermann Hesse liebte noch einen anderen Sport, und das war Boccia. Ich entdeckte das später, während der tragischen Monate der Emigration, die wir in der Villa Castagnola in Lugano verbrachten. Oft haben wir von dort das Ehepaar Hesse in seinem schönen Haus im nahen Montagnola zur Teestunde besucht. Es waren wohltuende und entspannende Besuche, die es meinen Eltern so recht vor Augen führten, daß es sich auch im Exil, in der neutralen und geruhsamen Schweiz, gut leben und arbeiten ließ. Die erste Stunde verbrachte man über einer Tasse Tee, gutem frischen Gebäck und tröstlicher Unterhaltung über Literatur und über die politische Lage. Schon als Vierzehnjährige hörte ich diesen Unterhaltungen mit größtem Interesse zu.

Nach etwa einer Stunde ging man dann in den wohlgepflegten Garten, wo eine blank gekehrte Bocciabahn auf uns wartete. Wir spielten alle – Hermann Hesse, mein Vater, meine Mutter und ich. – Meine Mutter und ich mit leidlichem Geschick, mein Vater mit mehr Glück als Geschick, Hermann Hesse aber mit Meisterschaft.

Ländlich gekleidet, mit offenem Hemd, trat er ein paar Schritte vorwärts, erhob die nicht leichte Kugel über seinen Kopf und schmetterte sie genau dahin, wo sie das ganze Spiel zerstob und allein, zum Berühren nah an der kleinen Kugel, die das Ziel war, zur Ruhe kam. Das hat mich beeindruckt und meine Ideen über große Schriftsteller etwas ins Wanken gebracht. Ich fing damals auch an, Hesses Bücher zu lesen. Trotz aller Verschiedenheiten fand ich doch auch viel Verwandtes zwischen ihm und meinem Vater, besonders in der Vollkommenheit der deutschen Sprache.

Ich habe Hermann Hesse eigentlich immer als ein Mitglied meiner Familie betrachtet – und tu's auch heute noch!

SKI-RAST

Am hohen Hang zur Fahrt bereit,
Halt ich am Stab für Augenblicke Rast
Und seh geblendet weit und breit
Die Welt in blau und weißem Glast,
Seh oben schweigend Grat an Grat
Die Berge einsam und erfroren;
Hinabwärts ganz in Glanz verloren
Durch Tal um Tal stürzt der geahnte Pfad.
Betroffen halt ich eine Weile,
Von Einsamkeit und Stille übermannt,
Und gleite abwärts an der schrägen Wand
Den Tälern zu in atemloser Eile.

1912/13

AROSA ALS ERLEBNIS[1]

Ich kenne Arosa nur im Winter und nur als Skiläufer, ich habe seine Matten niemals grün und seine Alpenrosenhänge niemals rot gesehen. Aber ich habe die Übungshänge von Inner-Arosa und am Tschuggen[2] genauestens kennengelernt, und bin viele Male die Hänge hinangestiegen, über die man die kleinen, die Alteherren-Skitouren zum Breithorn, zum Hörnli zu machen pflegt usw. Als ich sehr müde und erholungsbedürftig das erstemal nach Arosa kam, war ich viele Jahre nicht mehr in den Bergen gewesen und hatte zwar die Skier mitgenommen, die seit einem Dutzend Jahren auf dem Estrich gelegen hatten, wußte aber nicht, ob ich mit den Bergen und mit den Skiern noch etwas werde anfangen können. Und es begann damals auch mit einer Niederlage, ich vertrug die Höhe anscheinend nicht mehr, ich spürte schon gleich nach der Ankunft Herzbeschwerden, Unruhe und leichtes Fieber. Die Berge, die ich in meiner Jugendzeit so sehr geliebt und so viel umworben und umschlichen hatte, und denen ich dann ein halbes Leben lang untreu geworden war, empfingen mich gar nicht freundlich. Während ich mit tausend plötzlich wieder erwachenden Erinnerungen an die Jugend, an die sorglosen Zeiten, an die Zeit vor dem Kriege mein Wiedersehen mit den Bergen feierte, mich und das Heute wehmütig mit der Jugend und dem Damals verglich, erwiderten die Berge diese zärtliche Begrüßung mit der stillen,

1 »Fünfzig Jahre Kurort Arosa«, Antwort auf eine Umfrage der »Neuen Zürcher Zeitung« vom 21. 9. 1934.
2 Bergkuppe bei Arosa, 2050 m hoch.

Hermann Hesse im Januar 1932 auf der Chantarella

harten, etwas spöttischen Gelassenheit, mit der die Natur uns Menschen – ihre begabtesten und verlaufensten Kinder – stets empfängt. Sonderbare Gefühle machten mir das Atmen schwer, bei jedem Schritt wurde ich daran erinnert, daß ich kein Jüngling mehr sei, sondern ein alternder und schon recht verbrauchter Mann. Zwischen Schwitzen und Frieren, mit lästigen kleinen Fieberschauern, mit ängstlichem und flatterndem Herzschlag, schlaflos in den Nächten, mußte ich die erste Anpassung vollziehen, und es vergingen Tage, ehe ich nur daran denken konnte, meine Skier auszuprobieren, geschweige denn auf ihnen zu fahren.

Als dies überstanden war, und ich die ersten Male vorsichtig auf meinen Skiern auszog, mußte ich eine andere Erfahrung machen: das Skilaufen hatte sich in den vielen Jahren, seit ich es als junger Autodidakt betrieben hatte, ganz und gar verändert, es wurde alles viel sachlicher, viel schneidiger betrieben, und auf dem überall plattgebügelten, bretterharten Schnee der Skihänge mußte man erst einmal seines Christiania und seines Stemmbogens durchaus sicher sein, ehe man an Ausflüge denken durfte. Auch dazu brauchte ich Tage. Aber inzwischen waren Schlaf und Appetit gekommen, die Haut begann sich an die Strahlung zu gewöhnen, das Atmen ging wieder leicht, das Herz war beruhigt, und bald war auch die Sorge um den Christiania überwunden, ich konnte mich jetzt von den Übungshängen und dem Tschuggen entfernen und kleine Touren machen. Nun waren die Berge nicht mehr feindlich und fremd, der Schnee und die Sonne nicht mehr ermüdend, ich blieb wochenlang dort oben und erreichte einen Grad von Kräftigung und Verjüngung, den ich nicht mehr für möglich gehalten hatte. Dafür bin ich Arosa dankbar geblieben, ich nahm die Jugendgewohnheit wieder auf, jeden Winter eine Weile in die Berge zu gehen, und wäre dieser Gewohnheit bis heute treu geblieben, wenn nicht nach einigen Jahren die »Krise« mir das wieder verboten hätte.

Die paar Ski-Winter aber haben auf lange hinaus mir wohlgetan und nachgewirkt, und es kommt noch manchmal vor, daß ich im Traum vor der Hörnlihütte stehe, den Toscanello[3] wegwerfe und abfahre, daß ich vor einem plötzlichen Absturz erschrecke, an dessen Ende ein schwarzer offener Bach droht,

3 Zigarre.

daß ich nach einem Sturz mir den Schnee hinter der Brille herauswische, oder einem Hindernis mit raschem Schwung ausweiche, und im Weiterfahren die liebe kleine Kirche von Inner-Arosa winzig in der Tiefe liegen sehe.

1934

STICHWORTE ZU EINER ERZÄHLUNG[1]

Auf einer Sitzung der Engadiner Hoteliers sagt deren Vorsitzender: »Wir müssen sehen, daß unsre Häuser nicht leer stehen. Darum sind wir nicht einverstanden, wenn Schichten zur Macht kommen, denen der Sinn für unsre Berge und für den von uns gebotenen erstklassigen Luxus mangelt.« Das geht auf die in Deutschland damals eben zur Macht gelangte Schicht, die für Autarkie ist. Die Worte des Hoteliers werden durch eine Zeitung bekannt, und die Engadiner Hoteliers kommen in Deutschland auf die schwarze Liste, einige von ihnen, welche für besonders anglophil gelten, kommen sogar auf die »engere schwarze Liste«, was Proskription[2] bedeutet. Es erscheinen im Engadin geheimnisvoll braungekleidete Kurzhosen aus Deutschland, verschwinden alsbald wieder, und die vier größten Hoteliers sind ebenfalls verschwunden. Man findet ihre Leichen später in Wäldern etc. Aufregung, diplomatische Schritte etc. etc.

um 1934

1 Notiz aus Hesses Nachlaß, ohne Überschrift.
2 Ächtung einer Person. Sie durfte dann – oft gegen Belohnung – von jedermann getötet werden.

SILS MARIA

Briefe über Tagesausflüge

[25.7.1947]

Liebe Adis![1]

Gestern waren wir über Maloja an einem kleinen blaugrünen Bergsee zwischen Felsen, Lärchen und Arven, darüber die gewaltigen Bergmauern mit Schneefeldern und Felshörnern. Wenn du dir einmal beim Lesen Stifters Hochwald[2] so recht romantisch vorgestellt hast, dann entspricht es genau diesem Bild. Dadurch, daß wir meines Freundes und Ninons Auto zur Verfügung haben, können wir vieles erreichen, wohin ich sonst nie käme. Wir fahren irgendwo hin, gehen dann einen Bergweg hinauf, höchstens eine Stunde, und sind weit weg von aller Welt.

Heut waren wir alle müde und wollten recht wenig unternehmen. Ich war sehr früh auf, badete, schrieb Briefe, und erst nach zehn Uhr fuhren wir weg. Als wir um halb eins zum Essen zurückkamen, waren wir oben auf dem Julier bei den Säulen (Guardati, Giorgio) gewesen und jenseits wieder hinunter bis Bivio, mit Höhenunterschieden von vielen hundert Metern. Von dort sahen wir auch den Piz Bernina[3] stehen.

einen Tag später, abends müde:

Das schöne Wetter hält an, heut wars sogar hier oben heiß. Wir haben im Wagen unsres Freundes Dr. Kappeler[4] einen unerhörten Tagesausflug gemacht, mit anderthalb Stunden Fußmarsch dazwischen. Wir fuhren über St. Moritz und

Pontresina bis zum Berninahospiz, etwa 2400 Meter, von da zu Fuß auf die Alp Grüm durch eine gewaltige Einöde von Felstrümmern, Geröll und Gletschergewässern, vom Hospiz hat man den Blick auf den Piz Bernina und seine Schneefelder und Gletscher, von der Alp Grüm aus den Blick auf den Piz Palü[5] und seinen riesigen Gletscher, der unten in Wasserfällen endet. Wir sahen auch durchs Fernglas eine Bergpartie, ein paar Leute, die nah unter dem Gipfel sich durch das lange sehr steile Schneefeld kämpften. Wir rasteten dort lang, aßen erst unser Mittagsbrot und saßen und lagen dann zwei Stunden draußen, sind alle tiefbraun geworden, und ich bin jetzt, mit Bildern überfüllt und strapazierten Gliedern, tüchtig müde, aber als wir gegen 5 in die Nähe von Sils zurück kamen, ließ sich Ninon noch in Baselgia absetzen, um noch einen Abendausflug zu den Murmeltieren zu machen. Ich fand bei der Rückkehr einen dicken Pack Post, genug für Tage, es war obendrauf eine Karte von Wilhelm in Schorndorf, das einzige was ich bisher gelesen habe.

Leb wohl, grüße alle, und sei vielmal gegrüßt von deinem

Hermann

1 Adele Gundert (1875-1949), die ältere Schwester des Dichters.
2 Adalbert Stifter, »Der Hochwald«, 1842 entstandene Erzählung, aus dem Sammelband »Studien«.
3 Höchster Berg des Kantons Graubünden (4048 m).
4 Ernst Kappeler (1911-1987), Schweizer Lehrer und Schriftsteller.
5 Berg der Berninagruppe, 3900 m hoch.

[Ende Juli 1949]

Liebe Adis!
Ja, Maloja ist mindestens ebenso schön wie wir es uns zu Ricos Zeiten gedacht haben, zwar nicht das Dorf selbst, das sehr klein und durch die Hotelbauten verdorben ist. Aber wenn man dort steht, das Engadin mit den Seen im Rücken und hinunterblickt, wie Gelände und Straße sich hinunter stürzen und winden, auf beiden Seiten des Tals von einer Reihe immer blauer werdender, phantastisch steiler und zackiger Gipfel begleitet, da hat man schon einen gewaltigen Anblick. Übrigens komme ich grade jetzt von Maloja zurück, ich war mehrmals dort, es ist mit Auto von Sils nicht weit, auch den Ausflug zu jenem Stifterschen Bergsee haben wir von Maloja aus angetreten.

Heut, nachdem schon die letzten Tage unerhört hell, warm und hochsommerlich gewesen waren, war ein ungewöhnlich klarer Tag, so wie es bei Föhn manchmal ist, da wollte Ninon eine Fußtour nach der Bovalhütte am Gletscher machen, da muß man aber erst irgendwie bis weit hinter Pontresina kommen, und um ihr das Postauto mit langem Warten zu ersparen, brachte sie Dr. Kappeler in seinem Wagen hin, wir fuhren durch Silvaplana, Campfer, St. Moritz, Pontresina, setzten Ninon und ihre Marschierkameradin dort ab, wo der Weg gegen den Gletscher beginnt, dann fuhren wir zurück, stiegen aber am Fuß der Seilbahn nach Muottas-Muragl ab, warteten auf eine Abfahrt, fuhren hinauf, über 2500 Meter hoch, waren etwa 50 Minuten oben, mit dem berühmten Blick übers ganze Ober-Engadin fast bis Maloja, dann sausten wir zurück, waren gegen halb zwei wieder im Hotel, aßen Mittag, dann ruhte und schrieb ich bis 5 Uhr, und von da bis jetzt waren wir (Kap-

peler und ich) eben noch in Maloja. Bei der Rückkehr fand ich Ninon wohlbehalten, eben erst heimgekehrt und glücklich über den großen Ausflug, sehr dunkelgebrannt. Sie zieht sich jetzt um, dann gehen wir zum Abendessen hinunter. Es ist heut, wie jede Woche dreimal, abends Tanzmusik, die geht gewöhnlich höchstens bis elf Uhr nachts, Samstags aber auch weit länger, und findet direkt unter meinem Zimmer in der Bar statt. Das ist immer schwierig. […] Am 1. August[1] wird es dann wieder einen schweren Abend geben, alles in Gala, Reden, Musik, Champagner, Tanz, Radau und Gewühl. Nachher hoffen wir noch auf einige ruhigere Tage, ehe wir reisen.

Fortsetzung Sonntag:

Heut Morgen sind wir von Sils in einem primitiven Motorschiffchen über den See nach Maloja gefahren, dort habe ich etwas gezeichnet, dann fuhren wir halbwegs zurück bis zu

einem wenig besuchten Dorf Isola. Hatten dort eine Stunde Zeit zum Schauen und Zeichnen, stiegen auch zu einem gewaltigen Wasserfall, und kamen dann mit dem Schiffchen um eins wieder nach Sils. Da gehen wir jetzt Mittag essen […]
Addio, addio

Dein H.

1 Nationalfeiertag der Schweizer.

[Juli 1949]

Liebe Adis!
Wenn Du jetzt da sitzen würdest wo ich sitze, an einem frisch gemähten steilen Grashang über einer Wald- und Felsenschlucht, aus der ein wildes Wasser herauf rauscht, dann würdest Du eiligst zu zeichnen beginnen, und wenn ich Dir sagen würde, wir seien hier kaum 10 Minuten von unsrem Riesenhotel entfernt, würdest Du es kaum glauben. Zu zeichnen fändest Du die Schlucht zu unsern Füßen, drüber Lärchenwälder und Wiesenhänge, wenige Hütten, zwei bis drei Felsenkämme hinter einander, darüber eine stattliche Anzahl Felsberge und Schneeberge, ein Himmel mit vielen zum Teil windbewegten weißen Sommerwolken. […]

Ich bin jetzt im Hotel, es war keine Tinte mehr in der Feder. Der Rückweg fiel mir schwer, ich habe von den paar kleinen Spaziergängen Wadenkrämpfe, und fühle mich überhaupt hier miserabel, teils wegen des vielen Frierens, noch mehr aber wegen des Hotellebens. Die ersten 2 Tage hatte ich es ruhig, jetzt sind neben und über mir Gäste, mit Ruhen am Tag und Schlafen in der Nacht ist es nichts.

Ninon hat heut morgen, da ich allein sein wollte, einen

größeren Gang in die Höhe gemacht und kam froh und begeistert zurück. Aber dann las sie ihre Post, und dabei war die Anzeige vom plötzlichen Tod unsrer Freundin Dr. Paula Philippson[1] in Basel, das hat sie sehr getroffen.

2 Tage später: Es geht wechselnd, und so schwierig und widerlich mir das Hotelleben ist, die Landschaft ist immer wieder unsäglich schön. Gestern waren wir an einem Lieblingsplatz von Ninon, um womöglich ein Murmeltier zu sehen, und konnten dann eine halbe Stunde lang in den Felsen eine ganze Anzahl beobachten, etwa 10 bis 12 Murmeltiere, bald ruhend und meditierend, bald im Gestein blitzschnell kletternd, bald spielend und einander leckend. […]

In einem Garten hier in Sils sah ich Träublestöcke, die Träuble dran sind noch ganz klein und grün. Im Hotel wird jeden Abend ein paar Stunden tüchtig geheizt.

Addio, ich werde gestört und die Post sollte weg. Seid alle von Herzen gegrüßt!

Hermann

1 Paula Philippson (1874-1949), Kinderärztin und Altphilologin.

Mit Thomas Mann im Februar 1932 bei St. Moritz

Leider muß ich morgen von Thomas Mann, seiner Frau und Erika[1] Abschied nehmen. Sie reisen. Aber wir haben uns hier oben im Engadin oft gesehen und unsre Freundschaft und unsern »Glauben«, dem Deine Frage galt, vertieft.

In unsrem bequemen Grand Hotel geht es zu wie überall an solchen Orten. Eine Elite von reichen, gutgekleideten und leidlich höflichen Gästen verschiedener Nationen ist damit beschäftigt, sich zu erholen, gut zu essen, ihre Toiletten zu zeigen und sich mit Maß an der alpinen Pracht zu erbauen. An den jungen unter ihnen ist wenig auszusetzen, sie ähneln dem amerikanischen Normaltyp: good boys, nett aussehend, sehr sportlich interessiert und erzogen, im ganzen ungeistig, soweit nicht der Schein trügt.

Aber die Älteren und Alten, bis zu den 75jährigen, scheinen entweder vom Zustand der Welt und den morgen und übermorgen drohenden neuen Greueln nicht im geringsten berührt oder aber fest entschlossen, Augen und Ohren dagegen zu verschließen. Dreimal in der Woche tanzen sie in der Bar, in der sie ohnehin jeden Abend große Mengen von teuren Getränken zu sich nehmen. Sie tanzen bis Mitternacht, bis zwei Uhr, man sieht Siebzigjährige mit schneeweißen Würdeköpfen viele Stunden lang abwechselnd tanzen und trinken, und wenn der Klavierspieler in später Stunde sich davongeschlichen hat, setzt sich einer der Greise ans Klavier, und eine der Damen übernimmt das Schlagzeug, und alles dröhnt und dampft vor Lustigkeit und wäre entzückend, wenn es sich unter jungen Leuten abspielte oder wenn es sich um eine festliche Ausnahme, um eine irgendwie begründete Lustigkeit bei besonderem Anlaß handelte. Aber diese an sich ja unschuldigen Orgien unter den Spitzen der Gesellschaft finden so regelmäßig statt wie Essen und Schlafen. Gewiß, es geht mich nichts an, auch möchte ich kein Sittenprediger sein, aber zuweilen, wenn ich tagsüber mit Jammer- und Angstbriefen aus Deutschland beschäftigt war, oder etwas intensiver über die Zeitungsnachrichten nachgedacht habe, dann erschüttert und beengt mich das Gespenstische dieser aufgepeitschten Vergnügtheit unter den Vertretern der obern Stände, und ich frage mich, wieviele von ihnen wohl eine Ahnung von der bitteren Wirklichkeit, von ihrer Mitverantwortung an ihr, und von der Dünne und Gebrechlichkeit des Bodens haben, auf dem sie tanzen.

Aus einem Brief Hesses vom 8. 8. 1950
aus Sils Maria an Karl Dettinger

1 Erika Mann (1905-1969), Schauspielerin und Schriftstellerin, älteste Tochter von Katia und Thomas Mann.

Gestern Morgen spazierte ich mit Ninon ein kleines Stückchen ins Fextal, direkt hinter unsrem Hotel. Diesen selben Weg, nur viel weiter, bin ich einst vor etwa 45 Jahren in einem Kütschchen mit Pferden gefahren mit Papa und Mama S. Fischer, Holitscher und dessen Frau.[1] Nun, wir krochen unsern kleinen Gang, und einmal blieb ich stehen und blickte zurück, etwas besorgt, wir könnten schon zu weit gegangen sein und der Rückweg mühsam werden. Da spazierte eine kleine Strecke hinter uns ein schlanker großer hagerer Mann mit einer kleinen munteren Frau, und ich sagte zu Ninon »Schau, das könnte beinah Kurt Wolff[2] sein«. Er kam näher und war es, erkannte auch uns sofort, war Tags zuvor in Montagnola

gewesen, hatte aber keine Ahnung davon, daß wir im Engadin seien. Wir saßen eine halbe Stunde beisammen im Gras, er ist eben von Amerika gekommen, nur für wenige Wochen.

Ich dachte bei den Berichten von der großen Hitze oft an Dich, Du tatest mir leid. Dafür habe ich hier einigemal recht sehr gefroren. Meine Lektüre sind Immermanns »Epigonen«,[3] zum drittenmal im Leben.

Aus einem Brief Hesses vom August 1951
aus Sils Maria an Peter Suhrkamp

1 Mit dem Verleger Samuel Fischer und seiner Frau Hedwig sowie dem Erzähler und Dramatiker Arthur Holitscher (1869-1941) im Juli 1905.

2 Kurt Wolff (1887-1963), der 1933 emigrierte und seit 1941 in den USA lebende Verleger der expressionistischen Avantgarde mit seiner Frau Helen.

3 Karl Immermann, »Die Epigonen«, Familienmemoiren in neun Büchern, Düsseldorf 1836.

Hermann Hesse, zeichnend an der Paßstraße über den Julier

IM AUTO ÜBER DEN JULIER

Stein-Öde, Trümmerfelder tot,
Dünnfarbige Algen grün, grau, rot,
Felsgipfel steil ins Graue drängend,
Gewölk die Grate überhängend,
Kaltfeindlich scharf der mürrische Wind,
Moorwasserlachen stumm und blind,
An bleichen Wänden frische Wunden
Blutbraun und schorfig, felsgeschunden.
Müd aber streng und scharfgeschnitten
Zieht lang der Straße Band inmitten,
Einst Heer- und Pilgerweg, und jetzt
Von schnurrenden Maschinen abgewetzt
Mit Menschen drin, die alles hätten,
Sich aus dem Lärm ins Sommerglück zu retten,
Nur keine Zeit, nur keine Zeit.
Wir hasten mit, es ist noch weit
Bis Bivio, bis Chur, Paris, Berlin,
Wir hasten auf der hageren Straße hin,
Wir sehen grat-entlang die Wolken ziehn,
Das Steingeröll mit blinden Wasserlachen;
Die graue Kühle will uns schauern machen,
Doch die Maschine reißt uns ohne Gnade
Hinan, hinab, hinweg. Heroisch hart
Ins Grau empor die steile Steinwelt starrt.
Wir fliehen, fliehen, und wir fühlen: ›schade …‹

18. 8. 1949

Hermann Hesse mit seiner Frau Ninon vor dem Hotel Waldhaus

Gestern kam Dein großer Briefbericht und wurde am Abend von Ninon feierlich vorgelesen, wir freuten uns, bewunderten Deine Leistungen, wie die von Schröder[1] und Heuss,[2] und bedauerten auch einmal wieder die Überfülltheit Deiner Tage. Ein Zehntel davon würde genügen, mich umzubringen. Nun ist freilich auch mein Leben anders eingestellt und hat andre Gesetze als das eines Geschäftsmannes, es strebt durchaus nach »Innen«, nach dem Centrum im Gegensatz zur Centrifuge, in der die Welt lebt, und auch wenn ich im Centrum nichts finde als die eigene Unruhe, so will und muß ich diese

Unruhe eben doch erleben und zu eigen haben, ohne sie zu betäuben. Das »Geworfensein«,[3] als das die Philosophie unsrer Tage das Menschenleben bezeichnet, genügt mir nicht, ist ja auch ein nervös-hysterisches Drapieren des Ungenügens ins scheinbar Tragische hinauf. Dabei verliert auch eine hohe Wertbezeichnung wie »tragisch« jeden Wert, und der Mensch wird schon bloß durch sein Geborensein und sein Unvermögen, aus diesem Geborensein etwas Rechtes zu machen, zu einer Art Held. Na, du kennst dies Zeug ja zur Genüge.

Wir wandeln wieder unter den Lärchen und Arven, dankbar für die Größe und den Adel dieser schönsten Berglandschaft, die ich kenne. Wir fürchteten ein wenig, ich würde die Höhe nicht mehr ertragen, und ich bin, zwischen den heftigen klimatischen Einwirkungen und der täglich notwendigen Arbeit, auch reichlich schwach und müde, aber es ging und geht also doch, es ist noch ein Rest Vitalität da, sonst hätte ich auch nicht dieser Tage einmal träumen können, ich klettere über zwei Wagen eines fahrenden Zuges weg und höre den Freund, der mich dazu aufgefordert hatte, sagen »Für einen 75jährigen ist das noch allerhand …«

Aus einem Dankbrief Hesses vom Juli 1952
zu seinem 75. Geburtstag an Peter Suhrkamp

1 Der Dichter Rudolf Alexander Schröder (1878-1962) hielt im Württembergischen Staatstheater in Stuttgart den Festvortrag über Hesse.
2 Der erste deutsche Bundespräsident Theodor Heuss (1884-1963) eröffnete die Festveranstaltung im Württembergischen Staatstheater mit einer Laudatio »Dank an Hermann Hesse«.
3 Begriff des Philosophen Martin Heidegger (1886-1976).

Weißt Du noch, wie wir einst Schmetterlinge gesammelt haben? Da gehörte zu den begehrten und gesuchten Seltenheiten die wunderschöne, gehörnte, reichfarbige Raupe des Wolfmilchschwärmers. Heut, drei Tage vor der Abreise, gingen wir gegen Abend noch einmal an den Berghang, wo man meistens Murmeltiere sehen kann, sahen auch einigen lange zu, aber mehr noch fesselte mich der Wegrand, wo ziemlich häufig Wolfsmilch wuchs, und an diesen kleinen Stauden fand ich Dutzende jener kostbaren Raupen in allen Größen, ganz kleine junge bis zu fingerlangen.

Aus einem Brief Hesses vom 9. 8. 1952 an seinen Vetter Hermann Gundert aus Sils Maria

ENGADINER ERLEBNISSE

(Ein Rundbrief)

Liebe Freunde,

je länger man sich darum bemüht, desto schwieriger und problematischer wird einem das Arbeiten mit der Sprache. Bald werde ich, allein schon aus diesem Grunde, nicht mehr imstande sein, irgend etwas aufzuzeichnen. So müßten wir uns, ehe ich euch von Engadiner Erlebnissen erzähle, eigentlich darüber einigen, was wir denn unter »Erlebnis« verstehen. Das Wort hat, wie so viele andere, während der relativ kurzen Zeit meines bewußten Lebens viel an Wert und Gewicht verloren, und von dem Goldgewicht, das es etwa im Werk von Dilthey[1] einst hatte, bis zu der Entwertung durch den Feuilletonisten, der uns erzählt, wie er Ägypten, Sizilien, Knut Hamsun, die Tänzerin X »erlebt« habe, während er all das vielleicht nicht einmal gut und treu gesehen und notiert hat, ist es ein weiter Weg nach unten. Aber ich muß, wenn ich meinem Verlangen folge und euch auf dem Umweg über Schrift und Druckerschwärze zu erreichen versuche, mich ein wenig blind machen und die Fiktion zu erhalten streben, es habe meine veraltete Sprache und Schreibweise noch immer für euch die selbe Gültigkeit wie für mich, und es sei ein »Erlebnis« für euch wie für mich mehr als ein flüchtiger Sinneneindruck oder ein beliebiger unter den hundert Zufällen des täglichen Lebens.

1 Wilhelm Dilthey (1833-1911), Philosoph, Psychologe und Pädagoge, Begründer der Lebensphilosophie. Siehe seine Schrift »Das Erlebnis in der Dichtung« (1957).

Etwas andres, das mit der Sprache und meinem Handwerk nichts zu tun hat, ist es mit der Erlebnisweise alter Menschen, und hier darf und mag ich mir keine Fiktion und Illusion erlauben, sondern bleibe bei dem Wissen um die Tatsache, daß ein Mensch jüngeren oder gar jugendlichen Alters überhaupt keine Vorstellung von der Weise hat, in der alte Leute erleben. Denn es gibt für diese im Grunde keine neuen Erlebnisse mehr, sie haben das ihnen Gemäße und Vorbestimmte an primären Erlebnissen längst zugeteilt bekommen, und ihre »neuen« Erfahrungen, immer seltener werdend, sind Wiederholungen des mehrmals oder oft Erfahrenen, sind neue Lasuren auf einem längst scheinbar fertigen Gemälde, sie decken über den Bestand an alten Erlebnissen eine neue, dünne Farb- oder Firnisschicht, eine Schicht über zehn, über hundert frühere. Und sie bedeuten dennoch etwas Neues und sind zwar nicht primäre, aber echte Erlebnisse, denn sie werden, unter andrem, jedesmal auch zu Selbstbegegnungen und Selbstprüfungen. Der Mann, der das Meer zum erstenmal sieht oder den Figaro zum erstenmal hört, erlebt anderes und meist Heftigeres als der, der es zum zehnten oder fünfzigsten Male tut. Dieser nämlich hat für Meer und Musik andre, weniger aktive, aber erfahrenere und geschärftere Augen und Ohren, und er nimmt nicht nur den ihm nicht mehr neuen Eindruck anders und differenzierter auf als der andre, sondern es begegnen ihm beim Wieder-Erleben auch die früheren Male, er erfährt nicht nur Meer und Figaro, die schon bekannten, auf neue Weise wieder, sondern er begegnet auch sich selbst, seinem jüngeren Ich, seinen vielen früheren Lebensstufen im Rahmen des Erlebnisses wieder, einerlei ob mit Lächeln, Spott, Überlegenheit, Rührung, Beschämung, Freude oder Reue. Im allgemeinen ist es dem höheren Alter gemäß, daß der Erlebende seinen früheren Erlebensformen und Erlebnissen gegenüber mehr zur Rührung oder Beschämung als zum Gefühl der Überlegenheit neigt, und namentlich dem produktiven Menschen, dem Künstler, wird in den letzten Stadien seines Lebens die Wiederbegegnung mit der Potenz, Intensität und Fülle seiner Lebenshöhe nur selten das Gefühl erwecken »o wie schwach und töricht war ich damals!«, sondern im Gegenteil den Wunsch: »O hätte ich noch etwas von der Kraft von damals!«

Zu den mir bestimmten, mir gemäßen und wichtigsten Erlebnissen gehören nächst den menschlichen und geistigen auch die der Landschaft. Außer den Landschaften, die mir Heimat waren und zu den formenden Elementen meines Lebens gehören: Schwarzwald, Basel, Bodensee, Bern, Tessin, habe ich einige nicht sehr viele, charakteristische Landschaften mir durch Reise, Wanderung, Malversuche und andre Studien angeeignet und sie als für mich wesentlich und wegweisend erlebt, so Oberitalien und namentlich die Toskana, das Mittelländische Meer, Teile von Deutschland und andre. Gesehen habe ich viele Landschaften und gefallen haben mir beinahe alle, aber zu schicksalhaft mir zugedachten, mich tief und nachhaltig ansprechenden, allmählich zu kleinen zweiten Heimatländern aufblühenden wurden mir nur ganz wenige, und wohl die schönste, am stärksten auf mich wirkende von diesen Landschaften ist das obere Engadin.

Ich bin in diesem Hochtal wohl etwa zehnmal gewesen, einigemale nur für Tage, des öftern aber für Wochen. Ich sah es zum erstenmal vor beinah fünfzig Jahren, da brachte ich

als junger Mann eine Ferienzeit in Preda über Bergün zu, zusammen mit meiner Frau und meinem Jugendfreund Finckh, und als es Zeit wurde, heimzukehren, entschlossen wir uns, noch eine tüchtige Wanderung zu machen. In Bergün unten schlug mir ein Schuster neue Nägel in die Sohlen, und zu dreien wanderten wir mit Rucksäcken über die Albula, die lange schöne Bergstraße und dann die noch sehr viel längere Talstraße von Ponte nach St. Moritz, auf einer Landstraße ohne Automobile, aber mit unendlich vielen kleinen ein- und zweispännigen Wägelchen, in einem nicht aufhörenden Staubgewölk. In St. Moritz dann verabschiedete sich meine Frau und reiste mit der Bahn nach Hause. Während nun mein Kamerad, der die Höhe schlecht ertrug und nachts nicht schlief, immer stiller und mißlauniger wurde, kam mir trotz Staub und Hitze das oberste Inntal wie ein vorgeträumtes Paradies entgegen. Ich spürte, daß diese Berge und Seen, diese Baum- und Blumenwelt mir mehr zu sagen habe, als bei diesem ersten Anblick voll aufzunehmen und mir anzueignen möglich sei, daß es mich irgend einmal hierher zurückziehen würde, daß dieses so strenge wie formenreiche, so ernste wie harmonische Hochtal mich angehe, mir etwas Wertvolles zu geben oder etwas von mir zu fordern habe. Nach einem Übernachten in Sils Maria (wo ich heute wieder bin und diese Notizen schreibe) standen wir am letzten der Engadiner Seen, ich forderte meinen reisemüden Freund vergeblich auf, er möge doch die Augen auftun, über den See weg nach Maloja und gegen das Bergell blicken und sehen, wie unerhört edel und schön dies Bild sei; es war vergeblich, und gereizt sagte er, mit ausgestrecktem Arm in die gewaltige Raumtiefe weisend: »Ach was, das ist eine ganz gewöhnliche Kulissenwirkung.« Worauf ich ihm vorschlug, er möge die Landstraße nach Maloja gehen, während ich auf der andern Seeseite den Fußweg nahm. Am Abend saß auf der Terrasse der Osteria Becchia jeder von uns beiden, weit vom andern, allein an einem Tischchen und aß seinen Imbiß, erst am nächsten Morgen versöhnten wir uns und sprangen vergnügt die Abkürzungen der Bergellstraße hinab.

Das zweitemal war ich wenige Jahre später in Sils zu einer Zusammenkunft mit meinem Berliner Verleger S. Fischer, nur für zwei oder drei Tage, und wohnte als sein Gast im selben Hotel, das ich in den letzten Jahren jeden Sommer wieder aufsuche. Dieser zweite Aufenthalt hinterließ nur wenige Eindrücke, doch erinnere ich mich eines schönen Abends mit Arthur Holitscher und seiner Frau, wir hatten einander damals viel zu sagen.

Und dann war noch ein andres Erlebnis da, ein Anblick, der

mir seither bei jedem Wiedersehen wieder teuer und wichtig wurde und das Herz bewegte: Das dicht an den Felshang gedrückte etwas düstere Haus, in dem Nietzsche seine Engadiner Wohnung hatte. Inmitten der lauten bunten Sport- und Touristenwelt und der großen Hotels steht es heute trotzig und blickt etwas verdrossen, wie angewidert, Ehrfurcht und Mitleid weckend und dringlich mahnend an das hohe Menschenbild, das der Eremit auch noch in seinen Irrlehren aufgerichtet hat.

Darauf vergingen Jahre, ohne daß ich das Engadin wiedergesehen hätte. Es waren meine Berner Jahre, es waren die traurigen Kriegsjahre. Da, als ich zu Anfang des Jahres 1917 vom Arzt dringend wegkommandiert wurde, krank von meiner Kriegsarbeit[2] und noch mehr vom Kriegselend überhaupt, war ein schwäbischer Freund[3] von mir in einem Kurhaus über St. Moritz und lud mich dorthin ein. Es war mitten im Winter, dem bitteren dritten Kriegswinter, und ich lernte das Tal, seine Schönheiten, seine Schroffheiten und seine Heil- und Trostkräfte von einer neuen Seite kennen, lernte wieder schlafen, wieder mit Appetit essen, brachte die Tage auf Skiern oder Schlittschuhen zu, konnte nach einer kleinen Weile wieder Gespräch und Musik ertragen, sogar ein wenig arbeiten, stieg zuweilen allein auf Skiern zur Corvigliahütte hinauf, zu der noch keine Seilbahn führte, und war meistens der ein-

2 1915 hatte Hesse in Bern eine Zentrale für Kriegsgefangenenfürsorge aufgebaut, die bis 1919 hunderttausende von Internierten u.a. mit guter Literatur versorgte.

3 Emil Molt (1876-1936), Schulkamerad Hesses in Calw, Mitbegründer der Waldorf-Astoria-Zigarettenfabrik und Gründer der ersten anthroposophischen Waldorfschule.

Das Haus in Sils Maria, in dessen Obergeschoß Friedrich Nietzsche eine Kammer bewohnte

zige Mensch oben. Und dort erlebte ich, im Februar 1917, auch einen unvergessenen Morgen in St. Moritz. Ich hatte dort etwas zu besorgen, und als ich den Platz vor der Post betrat, kam aus dem Postgebäude, vor dem auffallend viele Menschen sich gesammelt hatten, ein Mann mit Pelzmütze heraus und begann laut aus einem soeben eingetroffenen Extrablatt vorzulesen. Die Leute umdrängten ihn, auch ich lief zu ihm hinüber, und der erste Satz, den ich verstehen konnte, lautete: »Le czar démissiona.« Es war die Nachricht von der russischen Februarrevolution. Ich bin seither hundertmal durch St. Moritz gefahren oder gegangen, aber selten ohne an jener Stelle des Februarmorgens von 1917 zu gedenken, und meiner damaligen Freunde und Wirte, von denen längst keiner mehr lebt, und jenes Rucks und Schocks in der Seele, den ich empfand, als nach einem kurzen Patienten- und Rekonvaleszentendasein im Frieden der Chantarella die Stimme jenes Vorlesers mich drohend und mahnend in die Gegenwart und Weltgeschichte zurückrief. Und so ist es überall, wohin ich in dieser Gegend komme, es blickt mich überall das Ehemals und mein eigenes Gesicht und Wesen an, das einst dieselben Bilder vor Augen hatte; ich begegne dem noch nicht Dreißigjährigen, der seinen Rucksack fröhlich die vielen Kilometer durch die Augusthitze trug, und dem zwölf Jahre älteren, der in schwerer Krise, vom Erleiden des Krieges geweckt, gefoltert und gealtert, hier oben eine kurze Pause der Erholung, der Stärkung und Neubesinnung fand, und dann wieder jenen späteren Stufen meines Lebens, in denen ich das liebe Hochtal wiedersah, Skikamerad von Thomas Manns jüngstem Töchterchen,[4] Abonnent der inzwischen erbauten Corviglia-Bahn, manchmal begleitet von Freund Louis dem Grausamen[5] und seinem klugen Dachshund, des Nachts stiller Arbeiter über dem Manuskript des »Goldmund«. O was für ein geheimnisvoller Rhythmus von Gedenken und Vergessen spielt in unsern Seelen, geheimnisvoll und ebenso beglückend wie beunruhigend auch für den, der die Methoden und Theorien der modernen Psychologie einigermaßen kennt! Wie gut und tröstlich, daß wir vergessen können! Und wie gut und tröstlich, daß wir die Gabe des Gedächtnisses haben! Jeder von uns weiß um das, was sein Gedächtnis aufbewahrt hat,

4 Elisabeth Mann-Borgese.
5 Der expressionistische Maler Louis Moilliet.

und verfügt darüber. Keiner von uns aber kennt sich aus im ungeheuren Chaos dessen, was er vergessen hat. Manchmal kommt nach Jahren und Jahrzehnten, wie ein ausgegrabener Schatz oder wie ein vom Bauern aufgepflügtes Kriegsgeschoß ein Brocken des Vergessenen, des als unnütz oder unverdaulich Weggeschobenen wieder an den Tag, und in solchen Augenblicken (im »Goldmund« ist solch ein großer Augenblick geschildert) will uns all das Viele, Kostbare, Herrliche, was den Bestand unsrer Erinnerung ausmacht, wie ein Häufchen Staub erscheinen. Wir Dichter und Intellektuellen halten sehr viel vom Gedächtnis, es ist unser Kapital, wir leben von ihm – aber wenn uns solch ein Einbruch aus der Unterwelt des Vergessenen und Weggeworfenen überrascht, dann ist stets der Fund, er sei erfreulich oder nicht, von einer Wucht und Macht, die unsern sorgfältig gepflegten Erinnerungen nicht innewohnt. Mir kam zuweilen der Gedanke oder die Vermutung, es könnte der Trieb zum Wandern und Welterobern, der Hunger nach Neuem, noch nicht Gesehenem, nach Reise und Exotik, der den meisten nicht phantasielosen Menschen zumal in der Jugend bekannt ist, auch ein Hunger nach Vergessen sein, nach Wegdrängen des Gewesenen, soweit es uns bedrückt, nach Überdecken erlebter Bilder durch möglichst viele neue Bilder. Die Neigung des Alters dagegen zu festen Gewohnheiten und Wiederholungen, zum immer erneuten Aufsuchen derselben Gegenden, Menschen und Situationen wäre dann ein Streben nach Erinnerungsgut, ein nie ermüdendes Bedürfnis, sich des vom Gedächtnis Bewahrten zu versichern, und vielleicht auch ein Wunsch, eine leise Hoffnung, diesen Schatz an Bewahrtem vielleicht noch vermehrt zu sehen, vielleicht eines Tages dieses und jenes Erlebnis diese

und jene Begegnung, dies oder jenes Bild und Gesicht, das vergessen und verloren war, wiederzufinden und dem Bestand an Erinnertem beizufügen. Alle alten Leute sind, auch wenn sie es nicht ahnen, auf der Suche nach dem Vergangenen, dem scheinbar Unwiederbringlichen, das aber nicht unwiederbringlich und nicht unbedingt vergangen ist, denn es kann unter Umständen, zum Beispiel durch die Dichtung, wiedergebracht und dem Vergangensein für immer entrissen werden.

Eine andre Art von Wiederfinden der Vergangenheit in neuer Gestalt ist es, wenn man nach Jahrzehnten Menschen wiedertrifft, die man einst jünger und anders gekannt und geliebt hat. So hatte ich in einem überaus schönen und behaglichen Engadiner Haus mit Arvenstuben und Specksteinöfen einst einen Freund wohnen, den mit Klingsor befreundeten Magier Jup.[6] Er hat mich oft und fürstlich bewirtet und verwöhnt, als ich noch Skiläufer und Stammgast der Corvigliahütte war. Es spielten damals in seinem Hause drei liebe Kinder, zwei Knaben und ein Jüngstes, ein Mädchen, bei dem mir schon beim ersten Anblick auffiel, daß jedes seiner Augen größer war als sein Mündchen. Den Magier selbst habe ich zwar seit Jahrzehnten nicht wiedergesehen, er sucht die Berge nicht mehr auf, aber vor einigen Jahren geschah es, daß ich mit seiner Frau wieder zusammentraf und bei ihr auch die nun erwachsenen Kinder wiedersah, einen Musiker, einen Studenten und das Mädchen, das noch immer durch die großen Augen und das kleine Mündchen auffiel und eine aparte Schönheit geworden war, und mit Begeisterung von ihrem Pariser Professor sprach, bei dem sie vergleichende Literaturwissenschaft studierte. Sie war auch dabei, als Freund Edwin Fischer[7] uns im Hause ihrer Mutter einen Nachmittag Bach, Mozart und Beethoven spielte. Auch er, der Musiker, ist mir seit der Zeit, da er mir in Bern, ein noch ganz junger Mann, seine Vertonungen meiner Elisabeth-Gedichte vorführte, immer einmal wieder begegnet, jedesmal auf einer anderen Lebensstufe, und die kollegiale Freundschaft hat sich mit jedem Mal bewährt und gestärkt.

So kam und kommt bei jeder Wiederkehr mir hier geliebte Vergangenheit entgegen, unwiederbringliche und doch

6 Der Ingenieur Joseph Englert (1874-1957).
7 Der Schweizer Pianist Edwin Fischer (1886-1960).

beschwörbare. An ihr das Heute und mein heutiges Ich zu messen, bringt Freuden und Beschwerden, beglückt und beschämt, macht traurig und tröstet. Die Hänge zu sehen, die ich einst zu Fuß oder auf Skiern viele Male mühelos erstieg und deren kleinster mir jetzt unersteigbar wäre, der Freunde zu denken, mit denen ich viele meiner Engadiner Erlebnisse habe teilen dürfen und die nun längst in ihren Gräbern ruhen, tut ein wenig weh. Jene Zeiten und jene Freunde aber im Gespräch oder im einsamen Gedenken zu beschwören, im reichen Bilderbuch der Erinnerungen zu blättern (immer mit der ganz leisen Hoffnung, es könne auch einmal ein verlorenes, vergessenes Bild wieder auftauchen und alle anderen überglänzen) ist Freude, und wie die Kräfte abnehmen und die Spaziergängchen von Jahr zu Jahr kürzer oder mühsamer werden, so wächst andrerseits mit jeder Wiederkehr und jedem Jahr diese Freude am Beschwören und Gedenken, und immer vielfältiger wird die Freude daran, das heute Erlebte in das tausendfältige Geflecht des Erinnerten einzubeziehen. An der Mehrzahl dieser Erinnerungen hat mein Lebenskamerad, hat Ninon teil, seit jenen Skiwintern vor bald dreißig Jahren bin ich nie ohne sie hier oben gewesen, und wie die Abende im Magierhause und die mit S. Fischer, mit Wassermann und Thomas Mann, hat sie auch vor zwei Jahren die herrliche Wiederbegegnung mit meinem Maulbronner Schulkameraden Otto Hartmann[8] miterlebt, dem erfreulichsten und edelsten Vertreter guten Deutschtums und Schwabentums unter meinen Freunden. Es war ein hoher Festtag, der Freund

8 Otto Hartmann (1877-1952), Oberbürgermeister von Göppingen, 1933 von den Nationalsozialisten aus dem Amt gedrängt.

Hermann Hesse 1952 mit Otto Hartmann

schenkte uns einen Tag seiner kurzen Ferien, wir führten ihn im Wagen nach Maloja und auf den Julier, unterm hohen Augusthimmel standen die Berge kristallen, schweren Herzens sagte ich ihm abends Lebewohl. Aber unser eher schüchtern ausgesprochener Wunsch, wir möchten uns doch vielleicht noch einmal wiedersehen, ist in Erfüllung gegangen: wenige Tage vor seinem Tode war er noch einmal in Montagnola mein Gast, dona ferens,[9] ich habe euch in einem Gedenkblatt davon erzählt.[10]

Und nun bin ich auch in diesem Sommer wieder hier heraufgekommen, auf einem neuen Wege diesmal, denn am Tag unsrer Reise war im Bergell die Straße verschüttet, die Brücken zerstört, und wir mußten den uns bis dahin unbekannten Umweg über Sondrio, Tirano, das Puschlav und den Berninapaß nehmen, einen weiten, aber überaus schönen Umweg, dessen tausend Bilder mir jedoch bald wieder in Unordnung und ins Schwinden gerieten; am besten erhalten hat sich der Eindruck der gewaltigen, hundertfach gefältelten und terrassierten oberitalienischen Weinhügel, ein Bild, das mir in jüngeren Jahren wenig interessant gewesen wäre. Damals war es die menschenlose, ungezähmte, wilde und womöglich romantische Landschaft, auf die ich begierig war, viel später erst und mit den wachsenden Jahren immer mehr ist mir auch das Zusammen von Mensch und Landschaft, ihre Formung, Überlistung und friedliche Eroberung durch Acker- und Weinbau lieb und interessant geworden: Terrassen, Mauern und Wege, den Hängen angeschmiegt und deren Formen ver-

9 Lateinisch: Geschenke bringend.
10 Siehe Hesses Bericht »Herbstliche Erlebnisse«, 1952.

deutlichend, Bauernklugheit und Bauernfleiß im stillen zähen Kampf mit den zerstörerischen Wildheiten und Launen der Naturgewalten.

Die erste wertvolle Begegnung dieses Bergsommers war eine menschliche und musikalische. Schon seit Jahren war in unserem Hotel der Cellist Pierre Fournier[11] gleichzeitig mit uns Sommergast gewesen, nach dem Urteil vieler heute der Erste in seinem Fach, nach meinem Eindruck der gediegenste aller Cellisten, im Virtuosen seinem Vorgänger Casals[12] ebenbürtig, im Künstlerischen ihm eher überlegen in der Strenge und Herbheit des Spiels sowohl wie in der Reinheit und

11 Pierre Fournier (1906-1986).
12 Pablo Casals (1876-1973), Cellist, Komponist und Dirigent.

Konzessionslosigkeit seiner Programme. Nicht daß ich, was diese Programme betrifft, immer und überall mit Fournier übereinstimmen würde, er spielt manchen Komponisten mit Liebe, auf den ich ohne Schmerz verzichten könnte, etwa Brahms, aber auch diese Musik ist ja eine ernste und ernstzunehmende, während der berühmte Alte einst neben der ernsten und echten auch allerlei Prunk- und Mätzchenmusik gespielt hat. Also Fournier mit Frau und Sohn war uns nicht nur vom Hören, sondern seit Jahren auch vom Sehen wohlbekannt, doch hatten wir einander jahrelang in Ruhe gelassen, einander nur aus der Ferne zugenickt und einer den andern leise bedauert, wenn er ihn von Neugierigen belästigt sah. Diesmal aber, nach einem Konzert im Rathaus von Samaden, ergab es sich, daß wir näher miteinander bekannt wurden, und er bot mir freundlich an, einmal für mich privat zu spielen. Da er schon bald reisen mußte, mußte dies Zimmerkonzert gleich am nächsten Tage stattfinden, und es traf sich, daß dies ein Unglückstag war, ein Tag des Unwohlseins, des Ärgers, der Müdigkeit und Verstimmung, wie sie auch noch auf der Stufe der Alters-Scheinweisheit uns von unsrer Umgebung und von unbeherrschten Strebungen des eigenen Herzens beschert werden können. Beinahe mußte ich mich dazu zwingen, zur vereinbarten Stunde am Spätnachmittag das Zimmer des Künstlers aufzusuchen, mit meiner Verstimmung und Traurigkeit kam ich mir vor, als sollte ich mich ungewaschen mit an eine festliche Tafel setzen. Ich ging hin, trat ein, bekam einen Stuhl, der Meister setzte sich, stimmte, und statt der Luft von Müdigkeit, Enttäuschung, Unzufriedenheit mit mir und der Welt umgab mich alsbald die reine und strenge Luft Sebastian Bachs, es war als sei ich aus unserm

Hochtal, dessen Zauber sich heute an mir wenig bewährt hatte, plötzlich in eine noch viel höhere, klarere, kristallnere Bergwelt gehoben worden, die alle Sinne öffnete, anrief und schärfte. Was ich selber diesen Tag über nicht vermocht hatte: aus dem Alltag heraus den Schritt nach Kastalien[13] zu tun, das vollzog die Musik an mir in Augenblicken. Eine Stunde oder anderthalbe weilte ich hier, zwei Solo-Suiten von Bach anhörend, mit kurzen Pausen und wenig Gespräch dazwischen, und die kraftvoll, genau und herb gespielte Musik schmeckte mir wie einem Verschmachtenden Brot und Wein, sie war Nahrung und Bad und half der Seele wieder zu Mut und zu Atem zu kommen. Jene Provinz des Geistes, die ich mir einst, im Dreck der deutschen Schande und des Krieges erstickend, zur Rettung und Zuflucht erbaut hatte, tat mir ihre Tore wieder auf und empfing mich zu einer ernst-heiteren, großen, im Konzertsaal nie ganz zu verwirklichenden Feier. Geheilt und dankbar ging ich davon und habe noch lange daran gezehrt.

In früheren Zeiten habe ich ein ähnliches ideales Musizieren oft erlebt, ich habe zu den Musikern immer ein nahes und herzliches Verhältnis gehabt und habe viele Freunde unter ihnen gefunden. Seit ich zurückgezogen lebe und nicht mehr reisen kann, sind diese Glückstage natürlich selten geworden. Übrigens bin ich im Genießen und Beurteilen von Musik in mancher Hinsicht anspruchsvoll und rückständig. Ich bin nicht mit Virtuosen und in Konzertsälen aufgewachsen, sondern mit Hausmusik, und die schönste war immer die, bei der man selber mittätig sein konnte; mit der Geige und ein wenig Singen habe ich in den Knabenjahren die ersten Schritte ins

13 Die pädagogische Provinz in Hesses Roman »Das Glasperlenspiel«.

Hermann Hesse im August 1956 mit der Flötistin Elaine Shaffer im Kirchlein von Silvaplana

Reich der Musik getan, die Schwestern und namentlich Bruder Karl spielten Klavier, Karl und Theo[14] waren beide Sänger, und wenn ich die Beethovensonaten oder die weniger bekannten Schubertlieder in der frühen Jugend von Liebhabern zu hören bekam, deren Leistung keine virtuose war, so war es doch auch nicht ohne Nutzen und Ergebnis, wenn ich etwa Karl lange Zeit im Nebenzimmer um eine Sonate werben und kämpfen hörte und schließlich, wenn er sie »hatte«, den Triumph und Gewinn dieses Kampfes miterleben durfte. Ich bin später, in den ersten Konzerten berühmter Musikanten, die ich hörte, allerdings für eine Weile dem Zauber der Virtuosität manchmal wie einem Rausch erlegen, es war hinreißend, die großen Könner das Technische bewältigen zu hören mit dem Anschein lächelnder Mühelosigkeit gleich jener der Artisten auf dem Seil und am Trapez, und es schmeckte bis zum Wehtun süß, wenn sie an dankbaren Stellen einen kleinen Drücker und Hochglanz zugaben, ein schmachtendes Vibrato, ein wehmütig hinsterbendes Diminuendo, aber es dauerte doch nicht allzu lange mit diesem Bezaubertsein, ich war gesund genug, um die Grenzen zu spüren und hinter dem sinnlichen Zauber eben doch das Werk und den Geist zu suchen, nicht den Geist des blendenden Dirigenten oder Solisten, sondern den der Meister. Und mit den Jahren wurde ich eher überempfindlich gegen den Zauber der Könner und jenes vielleicht winzige Zuviel an Kraft, Leidenschaft oder Süße, das sie einem Werk hinzufügten; ich liebte weder die geistreichen noch die traumwandlerischen Dirigenten und

14 Hesses Brüder Karl (1869-1937) und Theodor Isenberg (1866-1941) aus der ersten Ehe seiner Mutter mit dem Missionar Charles Isenberg.

Virtuosen mehr und wurde ein Verehrer der Sachlichkeit, jedenfalls ertrage ich seit Jahrzehnten ein Übertreiben nach der asketischen Seite hin weit leichter als das Gegenteil. Dieser Einstellung und Vorliebe nun entsprach Freund Fournier vollkommen.

Ein andres Musikerlebnis, mit einer heiteren, ja lustigen Episode, erwartete mich bald darauf bei einem Konzert von Clara Haskil in St. Moritz. Es war, von drei Scarlatti-Sonaten abgesehen, nicht ganz das Programm, das ich mir gewünscht hätte, das heißt: es war ein durchaus schönes und edles Programm, nur enthielt es, eben außer Scarlatti, keines meiner Lieblingsstücke. Ich hätte, wäre »der Wünsche Gewalt« mir gegeben gewesen, zwei andere Sonaten von Beethoven gewählt. Und dann versprach das Programm die »Bunten Blätter« von Schumann, und ich flüsterte Ninon noch grade vor dem Beginn des Konzertes zu, wie leid es mir tue, daß nicht statt der »Bunten Blätter« die »Waldszenen« uns erwarteten, sie seien schöner oder doch mir weit lieber, und mir läge so viel daran, das mir liebste, kleinere Stück von Schumann, den »Vogel als Prophet«, noch einmal oder mehrere Male zu hören. Das Konzert war dann sehr schön, und ich vergaß meine allzu privaten Liebhabereien und Wünsche. Aber der Abend war noch darüber hinaus glückbringend. Die Künstlerin, die sehr gefeiert wurde, schenkte am Ende noch eine Zugabe, und siehe, es war nichts andres als mein lieber »Vogel als Prophet«! Und wie bei jedem Wiederhören dieses holden und geheimnisvollen Stückes erschien mir die Stunde wieder, in der ich es einst zum erstenmal gehört habe, erschien mir die Stube meiner Frau im Gaienhofener Haus mit dem Klavier, erschienen mir Gesicht und Hände des Spielers, eines lieben Gastes, ein großes bärtiges und bleiches Gesicht mit dunklen traurigen Augen, tief über die Tasten geneigt. Er hat sich, dieser liebe Freund und feinfühlige Musikant, bald danach das Leben genommen, eine Tochter von ihm schreibt mir noch heutzutage zuweilen und war froh, als ich ihr Liebes und Schönes von ihrem Vater erzählen konnte, den sie kaum mehr gekannt hat. So war auch dieser Abend, in einem Saal voll eher mondänen Publikums, für mich ein kleines Gedächtnisfest und voll von Anklängen intimer und teurer Art. Man trägt vieles durchs lange Leben in sich herum, das erst mit uns selbst erlöschen und verstummen wird. Der Musikant mit den traurigen Augen ist seit nahezu einem halben Jahrhundert tot, mir aber lebt er und ist mir zuzeiten nah, und das Stück vom Vogel aus den »Waldszenen« ist, wenn ich es nach Jahren wiederhöre, noch über seinen eigenen, Schumannschen Zauber hinaus stets ein Quell von Erinnerungen, von denen das Klavierzimmer in Gaienhofen samt dem Musikanten und seinem Schicksal nur Bruchstücke sind. Es klingen dabei noch viele andre Töne auf bis in die Knabenzeit zurück, wo ich vom Klavierspiel meiner älteren Geschwister her manches kleine Schumannstück im Kopf hatte. Und auch das erste Bildnis von Schumann, das mir noch in Kinderzeit vor Augen gekommen ist, ist unvergessen geblieben. Es war farbig, ein heute wohl nicht mehr genießbarer Farbdruck der achtziger Jahre, und war ein Blatt in einem Kinder-Kartenspiel, einem Terzett mit Porträts von berühmten Künstlern und Aufzählung ihrer Hauptwerke; auch Shakespeare, Raffael, Dickens, Walter Scott, Longfellow und andre haben für mich zeitlebens jenes kolorierte Kartengesicht behalten. Und jenes Terzettspiel mit seinem für die Jugend und einfache Leute eingerichteten Bildungs-Pantheon von Künstlern und Kunstwerken mag vielleicht die früheste Anregung zu jener Vorstellung einer aller Zeiten und Kulturen umfassenden Universitas litterarum et artium gewesen sein, die später die Namen Kastalien und Glasperlenspiel bekam.

In den Jahrzehnten meiner Beziehungen zu unserem Hochtal, dem schönsten mir bekannten Geburtshause eines großen Stromes, habe ich natürlich auch das Fortschreiten der Mechanisierung, der Überschwemmung mit Fremden und der Spekulation beobachten können, beinahe ebenso sehr wie in der Umgebung meines Tessiner Wohnortes. St. Moritz war schon vor fünfzig Jahren nichts andres mehr als ein betriebsames Fremdenstädtchen, und der schiefe alte Kirchturm schien schon damals betrübt und senil über dem Gedränge der öden Nutzbauten zu hängen, gewärtig einer nutzbringenderen Verwendung seiner geringen Grundfläche und jede Stunde bereit, vollends der Statik verlustig zu gehen und einzustürzen. Indessen steht er heute noch unverändert und hält gelassen sein Gleichgewicht, während manche der überdimensionierten, brutalen Spekulationsbauten der Zeit um 1900 schon wieder verschwunden sind. Aber überall innerhalb des nicht großen Raumes zwischen St. Moritz und Sils und bis weit ins Fex hinein schreitet die Parzellierung und Ausschlachtung des Bodens, die Besiedelung mit großen und kleinen Wohnhäusern, die Überfremdung der Bevölkerung mit jedem Jahre rascher fort. Es stehen da eine Menge von Häusern, in denen nur wenige Monate, ja oft nur wenige Wochen des Jahres Menschen wohnen, und diese an Zahl immer wachsenden neuen Mitbewohner der Talgemeinden bleiben zum großen Teil den alten Bewohnern, deren Heimat sie auf-

Hermann Hesse bei einem Ausflug nach Maloja mit seinem Sohn Bruno und den Enkeln Christine und Simon

kauften, fremd, auch die Wohlgesinnten sind den größten Teil des Jahres nicht da, sie erleben die bitteren Zeiten des Einwinterns, der Lawinen, der Schneeschmelze nicht mit und haben kaum teil an den oft schweren Sorgen und Nöten der Gemeinden.

Gelegentlich tut es wohl, im Wagen eine Gegend aufzusuchen, an der die letzten Jahrzehnte nichts oder wenig verändert haben. Meine Spaziergänge reichen nicht mehr weit, aber mit dem Auto läßt sich mancher Wunsch erfüllen. So habe ich mir seit Jahren gewünscht, einmal den Ort wiederzusehen, an dem einst meine jugendliche erste Wanderung in diesen Bergen begann, den Albulapaß und Preda. Die Fahrt ging diesmal in umgekehrter Richtung als einst der Fußmarsch, und jenes staubige Sträßchen zwischen St. Moritz und Ponte, auf dem einst die vielen lustigen Kutschen fuhren, war nicht wiederzuerkennen. Aber über Ponte, das heute La Punt heißt, waren wir bald in einer stillen strengen Steinwelt angelangt, in der ich, eine nach der andern, Formen und Situationen von damals wiederfand; auf der Höhe des Passes saß ich lang abseits der Straße auf einem Grashügel und fand im Anblick der langen, kahlen, aber vielfarbigen Bergzüge und der kleinen Albula (deren hübscher Name mich immer an die »animula vagula blandula«[15] gemahnt) einzelne völlig verloren geglaubte Erinnerungen an die Wanderung in jenem Sommer 1905 wieder. Unverändert blickten die kahlen schroffen Steinrücken und Geröllfelder herab, und wir hatten für eine kleine Weile jenes ebenso wohltuende wie mahnende Gefühl, das der Aufenthalt am Meer oder in einer menschen- und kulturlosen Bergwelt geben kann, das Gefühl außerhalb der Zeit geraten zu sein oder doch in einer Art von Zeit zu atmen, die keine Minuten, Tage und Jahre kennt und zählt, sondern nur übermenschliche, jahrtausendweit voneinander entfernte Meilensteine. Es war schön, dies Hin und Her des Empfindens zwischen zeitloser Urwelt und den kleingeteilten Zeitstrecken des eigenen Lebens, doch ermüdete es auch, machte traurig und ließ alles Menschliche, alles Erlebte und Erlebbare so vergänglich und gewichtslos erscheinen. Am liebsten wäre ich nach unsrer Rast auf der Höhe umgekehrt, ich hatte genug an Eindrücken, übergenug an beschworener Vergangenheit in mich eingelassen. Aber da war in meinem Gedächtnis

15 Erste Zeile einer von Kaiser Hadrian (76-138 n. Chr.) verfaßten Inschrift in seiner Grabkammer: »Kleine Seele, schweifende, zärtliche …«.

noch das winzige Preda, die paar Häuser am Eingang des Tunnels, wo ich damals, ein junger noch kinderloser Ehemann, Ferienwochen verbracht hatte. Und dann war da, noch weit stärker rufend, das Erinnerungsbild eines kleinen tiefgrünen Bergsees mit dunkelblauen Pfauenaugen. Den wollte ich wiedersehen, und wir hatten uns ja darauf eingerichtet, über Tiefencastel und den Julier zurückzufahren. Bald waren wir bei den ersten Arven und Lärchen, bald auch begann ich auf dieser Seite des Passes kleine Zeichen von Zeit und Zivilisation zu spüren; bei einer nochmaligen Rast fanden wir die bisher vollkommene Stille des Tals vom hartnäckigen Geräusch eines Motors durchschnitten, den ich für einen Bagger oder Traktor hielt, doch war es nur, winzig in der Tiefe, eine kleine Mähmaschine in den Wiesen. Und nun tauchte der See auf, der Palpuogna-See, in dessen glatter kühl-grüner Fläche sich Wald und Berghang spiegelten, überragt von den drei düsterwilden Schroffen. Er war beinahe so schön und verzaubert wie vor Zeiten, wenn auch an seinem Abfluß allerlei gedämmt und korrigiert war und am Straßenrand eine Anzahl rastender Autos stand. Doch mit der Annäherung an Preda schwand meine Aufnahmebereitschaft und meine Freude am Wiedersehen und am Erwecken alter Erinnerungen vollends dahin. Ich hatte daran gedacht, dort einen Augenblick Halt zu machen, das kleine Haus zu suchen, in dem wir damals gewohnt hatten, und nach den Bewohnern zu fragen. Aber das mochte ich jetzt nicht mehr, es schien mir unnötig zu erfahren, daß natürlich der alte Nicolai und die Seinen längst gestorben seien. Auch war es einer der ersten heißen Tage dieses kühlen Regensommers, und hier wehte schon keine Höhenluft mehr. Es ist auch wohl möglich, daß hier sich Vergessenes aus der

Zeit meiner Jugend und ersten Ehe in mir regte, daß es nicht nur Reisemüdigkeit und Sommerhitze war, die mich so lähmte und traurig machte, sondern ebenso ein Gefühl von Unzufriedenheit und Reue über manche Strecke meines Lebens, und eine Trauer über die Unkorrigierbarkeit alles Getanen und Gewesenen. Ich fuhr ohne Halt durch das kleine Preda, das ich eigentlich hatte wieder aufsuchen wollen, und drängte nur noch auf die Rückkehr. Während ich in Gedanken jene Unzufriedenheit und Reue ein wenig zu prüfen bemüht war, kam ich, ohne auf bestimmte Taten oder Versäumnisse meines früheren Lebens zu stoßen, die vergessen gewesen wären, wieder einmal auf jenes merkwürdige, dumpfe und nie ganz zu bewältigende Schuldgefühl zurück, das Menschen meiner Generation und meiner Art anfallen kann, wenn sie der Zeit vor 1914 gedenken.

Wen die Weltgeschichte seit jenem ersten Zusammenbruch der Friedenswelt erweckt und durchgerüttelt hat, der wird die Frage nach der Mitschuld nicht völlig los, obwohl sie eigentlich eher dem Jugendalter angemessen ist, denn Alter und Erfahrung sollten uns gelehrt haben, daß diese Frage mit der nach unsrem Anteil an der Erbsünde identisch ist und uns nicht beunruhigen sollte, man kann sie den Theologen und Philosophen überlassen. Aber da innerhalb meiner Lebensdauer die Welt, in der ich lebte, aus einer hübschen, spielerischen und etwas genießerischen Friedenswelt zu einem Ort des Grauens geworden ist, werde ich gelegentliche Rückfälle in dies schlechte Gewissen wohl noch einigemale erleiden. Vermutlich ist ja dies Sichmitverantwortlichfühlen am Weltlauf, das der von ihm Befallene zuweilen gern als Zeichen eines besonders wachen Gewissens und einer höhern Menschlichkeit

Siesta, 1951

deutet, nur ein Kranksein, nämlich ein Mangel an Unschuld und Glauben. Der völlig wohlbeschaffene Mensch wird nicht auf den hochmütigen Gedanken kommen, er müsse die Laster und Krankheiten der Welt, ihre Friedensträgheit und ihre

Kriegsroheit mitverantworten, er sei groß und wichtig genug, um das Leid und die Schuld in ihr mehren oder mindern zu können.

Es war in diesem Engadiner Sommer noch eine andere Begegnung mit der Vergangenheit bestimmt, an die ich nicht gedacht hätte. Ich hatte nicht viel Lektüre mitgenommen, lasse mir in die Ferien auch nur die Briefpost nachschicken. So war ich überrascht, als eines Tages von meinem Verleger ohne den Umweg über Montagnola ein Päckchen eintraf. Es enthielt eine neue Ausgabe des »Goldmund«, und indem ich das Buch betrachtete, Papier, Einband und Umschlag zur Kenntnis nahm und mir schon zu überlegen begann, wem ich das Buch schenken könne, um nicht mein Gepäck damit zu beschweren, fiel mir ein, daß ich es ja seit seiner Entstehung vielmehr seit den Korrekturen zur ersten Auflage vor wohl fünfundzwanzig Jahren nie mehr gelesen habe. Einst hatte ich das Manuskript dieser Dichtung zweimal von Montagnola nach Zürich, von da nach der Chantarella mitgeschleppt, auch erinnerte ich mich an zwei, drei Kapitel, die mich Mühe und wache Nächte gekostet hatten, aber das Ganze war mir, wie die meisten Bücher es mit den Jahren für ihre Autoren werden, ein wenig fremd und unbekannt geworden, und ich hatte bisher nie das Bedürfnis gespürt, die Bekanntschaft zu erneuern. Jetzt, indem ich ein wenig darin blätterte, schien es mich dazu aufzufordern und fand mich dazu willig. So war denn »Goldmund« wohl zwei Wochen lang meine Lektüre. Es war eines meiner erfolgreicheren Bücher gewesen, er war eine Zeitlang, wie der unangenehme Ausdruck heißt, »in der Leute Mund«, und der Leute Mund hatte nicht immer mit Dank und Lob darauf geantwortet, sondern der gute »Goldmund«

ist, nächst dem »Steppenwolf«, dasjenige meiner Bücher gewesen, über das ich die meisten Vorwürfe und Entrüstungsausbrüche geerntet habe. Es erschien nicht lang vor der letzten Krieger- und Heldenepoche Deutschlands und war in hohem Grade unheldisch, unkriegerisch, weichlich und, wie man mir sagte, zur zuchtlosen Lebenslust verführend, es war erotisch und schamlos. Deutsche und schweizerische Studenten waren dafür, daß es verbrannt und verboten werden müsse, und Heldenmütter teilten mir, unter Anrufung des Führers und der großen Zeit, ihre Entrüstung in oft mehr als unartigen Formen mit. Doch waren es nicht diese Erfahrungen, die mich zwei Jahrzehnte lang das Wiederlesen meiden ließen, es hatte sich einfach und absichtslos aus gewissen Änderungen in meiner Lebensführung und Arbeitsweise ergeben. Früher hatte ich die meisten meiner Bücher bei Gelegenheit von Neuausgaben der Korrektur wegen wiederlesen müssen, hatte manche auch bei diesem Anlaß etwas bearbeitet und namentlich gekürzt. Aber mit der Zunahme der Augen-Schwierigkeiten hatte ich diese Arbeit später möglichst vermieden, und seit langem war sie mir durch meine Frau abgenommen worden. Zwar hatte ich eine gewisse Liebe zu »Goldmund« nie verloren, er war in einer eher schönen und beschwingten Zeit entstanden, und die Schimpfworte und Ohrfeigen, die er hatte über sich ergehen lassen müssen, sprachen, wie beim »Steppenwolf«, in meinem Herzen mehr für als gegen ihn. Aber das Bild von ihm, das ich in mir trug, hatte sich wie alle Erinnerungen im Lauf der Zeit etwas verändert und verwischt, ich kannte ihn nicht mehr gut, und jetzt, wo das Bücherschreiben längst ein Ende genommen hatte, durfte ich wohl eine Woche oder zwei an die Erneuerung und Richtigstellung dieses Bildes wenden.

Es war ein freundliches und wohltuendes Wiedersehen, und nichts in dem Buche forderte mich zu Tadel oder gar Reue auf. Nicht daß ich mit allem ganz und gar einverstanden gewesen wäre, das Buch hatte natürlich Fehler, und es schien mir, wie beinah alle meine Schriften beim Wiederlesen nach sehr langer Zeit, ein bißchen zu lang, ein wenig zu gesprächig, es war vielleicht zu oft das gleiche mit etwas anderen Worten wiederholt. Auch blieb mir die schon oft erlebte, etwas beschämende Einsicht in die Mängel meiner Begabung und die Grenzen meines Könnens nicht erspart, es war ja eine Selbstprüfung, und so zeigte auch diese Lektüre mir meine Grenzen wieder einmal deutlich. Es fiel mir vor allem wieder einmal auf, wie die meisten meiner größeren Erzählungen nicht, wie ich bei ihrer Entstehung glaubte, neue Probleme und neue Menschenbilder aufstellten, wie das die wirklichen Meister tun, sondern nur die paar mir gemäßen Probleme und Typen variierend wiederholten, wenn auch von einer neuen Stufe des Lebens und der Erfahrung aus. So war mein Goldmund nicht nur im Klingsor, sondern auch schon im Knulp präformiert, wie Kastalien und Josef Knecht in Mariabronn und in Narziß. Aber diese Einsicht tat nicht weh, sie bedeutete nicht nur eine Minderung und Verengung meiner Selbsteinschätzung, die vor Zeiten freilich erheblich größer war, sie bedeutete auch etwas Gutes und Positives, sie zeigte mir, daß ich trotz mancher ehrgeiziger Wünsche und Strebungen im ganzen meinem Wesen treu geblieben war und den Weg der Verwirklichung auch durch Engpässe und Krisen hindurch nicht verlassen hatte. Und der Tonfall dieser Dichtung, ihre Melodie, das Spiel der Hebungen und Senkungen, war mir nicht entfremdet und schmeckte nicht nach Vergangenheit

und abgewelkter Lebensepoche, obwohl ich die Leichtigkeit des Flusses heute nicht mehr aufzubringen fähig wäre. Diese Art von Prosa entsprach mir auch heute noch, und von ihren Haupt- und Nebenstrukturen, ihrer Phrasierung, ihren kleinen Spielen hatte ich nichts vergessen; es war die Sprache weit mehr als die Inhalte des Buches, was ich treu und unverfälscht im Gedächtnis behalten hatte.

Im übrigen aber: wie unglaublich viel hatte ich vergessen!

Ich stieß zwar auf keine Seite und keinen Satz, der mir nicht sofort wieder bekannt gewesen wäre, aber beinahe bei keiner Seite und keinem Kapitel hätte ich vorauszusagen gewußt, was auf der folgenden Seite stehen werde. Genau aufbewahrt hatte das Gedächtnis kleine Einzelheiten wie den Kastanienbaum vor der Klosterpforte, das Bauernhaus mit den Toten darin, Goldmunds Pferd Bleß, auch Wichtigeres wie einige der Freundesgespräche, den nächtlichen Ausflug »ins Dorf«, das Wettreiten mit Lydia. Aber vergessen, unbegreiflicherweise vergessen hatte ich das meiste von dem, was Goldmund mit dem Meister Niklas erlebt, vergessen den pilgernden Toren Robert, vergessen die Episode mit Lene und wie ihretwegen Goldmund zum zweitenmal einen Menschen tötet. Einiges, was ich als gelungen und schön in Erinnerung hatte, enttäuschte ein wenig. Einige Stellen, die mir einst beim Schreiben Kummer gemacht hatten und mit denen ich nicht recht zufrieden gewesen war, hatte ich Mühe wiederzufinden, und fand sie in Ordnung.

Es fielen mir während dieser Lektüre, die ich langsam und gründlich vornahm, auch Erlebnisse aus der Zeit der Entstehung ein, die mit dem Buch zusammenhingen. Eines davon teile ich euch mit, da einige von euch wahrscheinlich mit dabei gewesen sind. Es war gegen Ende der zwanziger Jahre, ich hatte eine Vorlesung in Stuttgart versprochen, weil ich die Jugendheimat wiedersehen wollte, und war Gast eines meiner dortigen Freunde, der nicht mehr lebt. »Goldmund« war damals noch nicht erschienen, aber der größere Teil des Buches war im Manuskript fertig, und ich hatte, nicht sehr klug, ausgerechnet das Kapitel mit dem Bericht von der Pest zum Vorlesen mitgebracht. Es wurde mit Achtung angehört;

mir war damals diese Schilderung besonders wichtig und lieb, und meine Geschichte vom schwarzen Tod schien Eindruck zu machen, es verbreitete sich ein gewisser Ernst im Saale, vielleicht war es auch nur ein Schweigen des Unbehagens. Aber als die Vorlesung beendet war und sich der »engere Kreis« in einem beliebten Wirtshaus zum Abendessen zusammenfand, kam es mir vor, als habe Goldmunds Wanderung durch das große Sterben die Lebenstriebe der Zuhörer gewaltig angeregt. Ich selber war noch ganz voll von meinem Pestkapitel, zum erstenmal hatte ich ein Stück meiner neuen Dichtung, nicht ohne inneres Widerstreben, öffentlich vorgezeigt, ich war noch mitten darin und war nur sehr ungern der Einladung zu diesem freundschaftlichen Zusammensein gefolgt. Und nun hatte ich, einerlei ob mit Recht oder nicht, den Eindruck, als stürzten sich die hier Zusammengekommenen, erlöst aufatmend nach dem Anhören meiner Geschichte, mit verdoppelter Gier ins Leben. Es war ein lärmend wildes Gedränge um die Plätze, um die Kellner, um die Speise- und Weinkarte, lachende vergnügte Gesichter und schallende Begrüßung ringsum, auch die beiden Freunde zu meiner Seite hörte ich mit angestrengten Stimmen gegen das Getöse ankämpfen, um ihre Platten mit Omeletten, mit Leber oder Schinken zu bestellen, mir schien, ich sei mitten in eines der Gelage hineingeraten, bei denen Goldmund im Kreise der Lebensgierigen, die Todesangst betäubend, den Becher leerte und die aufgepeitschte Fröhlichkeit noch höher zu stacheln verstand. Aber ich war nicht Goldmund, ich fühlte mich verloren und von dieser Fröhlichkeit ausgestoßen und angewidert, es war mir nicht möglich, sie zu ertragen. So schlich ich mich zur Türe hinaus und war verschwunden, ehe jemand mich ver-

Mit den Enkeln Eva und Silver im Juli 1950 während einer Wanderung im Engadin

missen und zurückholen konnte. Das war kein kluges und kein heldenhaftes Verhalten, ich wußte es auch damals schon, aber es war eine instinktive, nicht zu beherrschende Reaktion.

Ich habe daraufhin noch ein- oder zweimal öffentlich vorgelesen, weil ich mein Wort schon gegeben hatte, dann aber niemals mehr.

Über diesen Aufzeichnungen ist nun auch dieser Engadiner Sommer dahingegangen, es wird Zeit zum Packen und Abreisen. Die paar Blätter vollzuschreiben hat mir mehr Mühe gemacht, als sie wert sind, es will mir nicht recht mehr gelingen. Etwas enttäuscht reise ich wieder heim, enttäuscht über manches physische Versagen und noch mehr darüber, daß ich mit allem Bemühen und großem Aufwand von Zeit nichts Besseres zustande gebracht habe als diesen Rundbrief, den ich doch vielen von euch längst schuldig war. Wenigstens steht etwas Schönes, etwas sehr Schönes mir noch bevor, die Heimfahrt über Maloja und Chiavenna, die jedesmal neu bezaubernde Fahrt aus der kühlklaren Berghöhe in den warmen sommerdunstigen Süden, der Meira nach und den Buchten und Städtchen, den Gartenmauern, Ölbäumen und Oleandern des Comersees entgegen. Dies will ich noch einmal dankbar schlürfen. Habt Nachsicht und lebt wohl!

1953

WIEDERSEHEN IN MALOJA

Vor fünfundsechzig Jahren saß ich in Göppingen in der berühmten Schule des Rektors Bauer,[1] dessen Aufgabe es war, die tauglichsten seiner Schüler Jahr für Jahr durch das Nadelöhr des »Landexamens« in jene Elite der schwäbischen Lateinschüler zu bringen, aus der die evangelische Kirche und die humanistischen Schulen Württembergs ihren Nachwuchs an Geistlichen und Lehrern beziehen. Aber weit darüber hinaus war unser Rektor, damals schon siebzigjährig, ein Lehrer und Erzieher ganz großen Stils und ein bis zum Schnurrigen origineller, phantasievoller und selbstherrlicher Charakter, jenem berühmten chinesischen Wasserbüffel recht wohl vergleichbar. Die Schulbehörde war stolz auf ihn, und er besaß die Bewunderung und Liebe mehrerer Generationen von Schülern, aber er konnte seine Vorgesetzten in Stuttgart auch tüchtig in Verlegenheit bringen durch Maßnahmen, die damals schon höchst eigenmächtig und kühn waren, heute aber ganz undenkbar wären. So hat er z. B. einmal seine Schulklasse, die nach einem fleißigen Jahr etwas müde und unlustig geworden war und die er wieder munter und eifrig sehen wollte, vier Wochen vor der offiziellen Zeit in die Ferien geschickt.

Damals nun, wir waren dreizehn bis vierzehn Jahre alt, gab es in unsrer Klasse einen fleißigen und etwas schüchternen Knaben Hans,[2] der zu den guten und selten gescholtenen Schülern gehörte und niemals auffiel, es sei denn durch ein

1 Otto Bauer (1830-1899).
2 Hans Völter (1877-1972).

zartes, rosiges Gesicht, das leicht und tief erröten konnte. Er spielte keine Rolle und wollte keine spielen, er war braver als die meisten von uns, namentlich als Edmund[3] und ich, und was an besonderen Gaben des Geistes und Charakters in ihm steckte, war noch unsichtbar und wartete auf die Erweckung, die er erst um Jahre später, als Tübinger Student, intensiv und erfolgreich erlebt hat. Er blieb bei der Theologie, gehörte zu den Jüngern von Naumann[4] und Traub[5] und hat bis ins hohe Alter der Kirche und ihrem liberalen, sozial eingestellten Flügel gedient.

Edmund dagegen war ein Junge, den man beachten und bemerken mußte, obwohl er uns nur in den Schulstunden und ihren kurzen Pausen Gesellschaft leistete, er war nicht wie wir andern in einer Göppinger Schülerpension untergebracht, sondern kam jeden Tag ein paar Stationen weit mit der Bahn gefahren und entschwand uns nach Schulschluß wieder. Er war ganz hell, beinahe weißblond, mit einem klugen, aufmerksamen, sehr wachen Gesicht und Blick, rasch und wendig wie ein Marder oder Eichhorn, allen voran im Turnen, Klettern, Schlittschuhlaufen, Rennen, auch spielte er gleich mir die Geige, freilich sehr viel geschickter. Er brachte sie meistens mit in die Schule, und unser alter Rektor forderte ihn zuweilen zum Spielen auf, namentlich hatte er ihm ein altmodisches militärisches Trompetensignal durch Vorsingen

3 Edmund Natter (1877-1971).

4 Friedrich Naumann (1860-1919), evangelischer Theologe und liberaler Politiker. Gründer der Zeitschrift »Die Hilfe« und Mitbegründer des Deutschen Werkbunds. Als Vorsitzender der Deutschen Demokratischen Partei war er Mitglied der Weimarer Nationalversammlung.

5 Gottfried Traub (1869-1956), Theologe und linksliberaler, später deutschnationaler Politiker, der ab 1933 Gegner des NS-Regimes wurde.

beigebracht, das Edmund ihm und uns häufig vorspielen mußte, wobei ich jedesmal die Taktfestigkeit, den sicheren Strich und namentlich das überaus rasche Tempo bewunderte, mit dem er die kleine Tonfolge stramm herunterspielte.

Dies also waren Hans und Edmund, der eine heute Dekan im Ruhestand, der andre noch in voller Tätigkeit als Rechtsanwalt, denn er ist der Theologie, zu der er bestimmt war, nicht treu geblieben, sondern hat als Student seine eigentliche Begabung entdeckt und zum Schrecken seines guten Vaters beschlossen, Jura zu studieren. Auf die warnende Frage seines Vaters »Woher willst du denn wissen, ob du Talent zum Juristen hast?« gab er schlagfertig zurück: »Und woher willst du denn wissen, daß ich Talent zum Theologen habe?«

Und nun geschah es, nicht durch Zufall, sondern mit einiger Nachhilfe von unserer Seite, daß wir drei Lateinschüler, der Theologe Hans, der Jurist Edmund und ich diesen Sommer in Maloja samt unsern Frauen im Garten eines Gasthofes bei Tee, Wein und Kuchen saßen und die drei weißhaarigen Knaben bei Gesprächen über den Rektor Bauer und unsere Schülerzeit, beim Heraufholen von Namen, Gestalten und Begebenheiten aus der Zeit fünfundzwanzig Jahre vor dem ersten Weltkrieg lebhaft und warm wurden, von ihren Frauen mit liebevoller Nachsicht, von den benachbarten Fremden mit leicht spöttischer Neugierde beobachtet. Es war, eine gute Stunde lang, ein großes Fest, eine Orgie der Erinnerung, der Pietät und Kameradschaft, nicht im mindesten dadurch beeinträchtigt, daß das Leben uns weit auseinandergeführt und daß Hans und Edmund sich seit jener Schülerzeit um 1890 überhaupt nicht wiedergesehen hatten. Was die leibliche Verfassung angeht, war Hans in ähnlicher

Rast auf der Paßhöhe des Julier mit Ninon im Juli 1956

Lage wie ich, nicht rüstig mehr und beim Gehen bald ermüdet, geistig aber waren wir noch halbwegs munter. Edmund jedoch war auch heute noch kräftig und gewandt, kühn und abgehärtet, und brachte es anderntags fertig, während wir in Mänteln und Wollwesten leicht fröstelten, im eiskalten See zu schwimmen.

Es war gut, daß wir dies Wiedersehen ermöglicht hatten. Es sind sehr wenige mehr von der Knabenschar übrig, die einst in der mit Pfeifenrauch gewürzten Schulstubenluft bei Rektor Bauer oder im Kloster Maulbronn sich um Latein und Griechisch bemüht und unter des Rektors Kommando Wettläufe und Schneeballschlachten ausgeführt haben. Und unser freudiges Wiedersehen war kaum beendet, als einer der schwarzrandigen Briefe, die so schmerzlich oft unsre Tagespost verdunkeln, mir den Tod eines Kameraden aus jener Zeit meldete. Edmund war schon abgereist, selber seinen Wagen in einem Tag nach Schwaben heimwärts steuernd. Hans aber blieb noch ein paar Tage in unsrer Nähe, wir holten ihn noch zweimal zu Spazierfahrten ab, und auf einer dieser Fahrten geschah uns nochmals ein schönes kleines Wunder, das wir nicht vergessen wollen.

Freund Hans und seine Frau kannten den Julier nicht, und wir wollten sie dorthin führen. Gemächlich fuhren wir die klassische Paßstraße hinan, sahen über den Sattel der Fuorda hinweg die hohen schneereichen Gipfel der Berninagegend auftauchen und immer höher und mächtiger werden, sahen die hellgrünen Weiden mit dem schönen Vieh, die geliebten roten Felsklötze neben der Straße, fuhren begierig den Säulen der Paßhöhe und der schroff abweisenden Urwelt der kahlen, aber farbenschönen Felswände, Schutthalden und Geröllfelder entgegen, besuchten den kleinen See und gedachten beim Anblick der militärischen Vorrichtungen zur Sperrung des Passes nicht nur der lang vergangenen Kämpfe gewesener Großmächte um diese alte Heerstraße, sondern auch der von uns miterlebten Kriege, denn es war der vierzigste Gedenktag der ersten Kriegserklärungen des Jahres 1914, und Hans sprach mit bewegter Stimme nicht nur vom Unsinn dieser beiden Kriege, sondern überhaupt von der deutschen Tragik und was alles hätte werden und zur Blüte kommen können, wenn sich um den Kern des alten demokratischen Schwaben ein ganz anderes Reich gebildet hätte, nicht ein römisches und nicht ein Bismarckisch-preußisches, sondern eben ein schwäbisches. Es sprach aus ihm, dem einst schüchtern-schweigsamen Knaben, nicht nur ein belesener idealistischer Historiker, sondern auch einer, der mit seiner Frau unter dem törichten letzten Kaiser und unter der Schreckensherrschaft der Hitlerzeit Furchtbares erlitten und Unersetzliches verloren hat. Eben darum stellte ich ihm auch nicht die Frage, die ich sonst unfehlbar gestellt hätte, ob nicht auch er und die Seinen in jenem Jahr der zweiten deutschen Präsidentenwahl für Hindenburg gestimmt und damit in aller Gutgläubigkeit dem kommenden Furchtbaren ahnungslos die Tür geöffnet habe. Es war nicht möglich, die Frage zu stellen, und es wäre ja auch sehr unnütz gewesen. Auch meine Nächsten in Deutschland, auch meine eigenen Geschwister, hatten für den senilen Kriegsmann gestimmt und hatten in der Folge Ärgeres erleben und erleiden müssen als ich.

Wir fuhren langsam paßabwärts, dem Tal der Julia, der zweistämmigen Arve und Bivio entgegen, unter den drohenden Riesenwänden und einem aufgeregten, dramatischen Wolkenhimmel hin, eine Stimmung, wie sie zum Julier paßt, manchmal an Caspar David Friedrich, manchmal an Grünewald erinnernd, zwischen Verfinsterungen und plötzlichen kurzlebigen Sonnenstreifen spielend, ein- oder zweimal meinte man schwachen Donner zu hören. So kamen wir ins Tal hinab, stiegen aus, schlenderten durch Bivio, ruhten beim Tee im Gasthaus die Augen aus und traten bei schwerer Bewölkung und ersten Regenspritzern die Rückfahrt an. Vom großen Autobetrieb blieben wir nicht ganz ungeschoren, es kam eine Stelle, wo von oben und unten Wagen um Wagen in langer Schlange stehenbleiben mußte, und in der Mitte stand krumm und traurig ein halb zerschmetterter Wagen so lange und sperrte die Straße, bis die wartenden Wagen eine genügende Zahl der Männer entlassen hatten, die den armen Schwerkranken beiseite schleppten und die Bahn frei machten. Menschen hatten, wie es schien, nicht Schaden gelitten, und wir dachten nicht lange mehr der Störung nach, denn mit dem sinkenden Tag wurden Berge und Himmel, wurden Wettergewölk und Sturmstimmung immer größer und mächtiger, es schien, als flöhen wir geduckt vor einem drohenden Weltuntergang.

Aber mitten in dieser prächtig wilden Verdüsterung geschah überraschend das holde Wunder: Vor uns erhob sich, saftig in seinen starken Farben leuchtend, ein schöner vollkommener Regenbogen. Zu beiden Seiten stand er mit den Füßen im Geröll und dünnen Gras, aus dem er das lichte kühle Grün emporzuziehen schien. Wie ein festlich offenes Tor stand er vor uns und nahm noch immer an Leuchtkraft und Farbenstärke zu. Freund Hans, der hinter mir saß, legte mir die Hand auf die Schulter und sagte: »Sieh, das soll uns ein Zeichen sein, das bedeutet Frieden.« Es war der versöhnliche Abschluß unserer früheren Betrachtungen über die beiden Kriege.

Indessen gelang es uns nicht, durch das gleißende farbige Tor zu fahren, sondern der Bogen, stets auf beiden Talseiten bis zum Boden sichtbar, schwebte leuchtend vor uns her, immer zum Greifen nah, so neckisch wie feierlich, immer dicht vor uns, nie erreichbar, und begleitete uns so die ganze lange

Paßstraße entlang. Nochmals berührte Hans meinen Arm, und als ich mich lächelnd zu ihm umwandte, meinte er: »Er schwebt vor uns her, der Friede, er lacht uns an, er tröstet uns, aber wir erreichen ihn nicht, wir werden ihn nie erreichen.«

Aus »Rundbrief aus Sils Maria«, 1954

Vom Gregorius[1] hat Thomas Mann uns im letzten Sommer im Engadin zweimal ein paar Kapitel vorgelesen, es war ein großer Genuß und Spaß, es geschah hinter einer Maske von Objektivität mit einer unendlich munteren und wohltuenden Ironie, ich möchte nichts daran anders haben.

Aus einer Postkarte vom 31. 1. 1955 an Max Silber

1 Thomas Mann, »Der Erwählte«, S. Fischer, Frankfurt am Main 1951.

MARIE-ANNE STIEBEL

Woran ich mich erinnere

Einzelheiten und vor allem Daten weiß ich nicht mehr genau, aber es sind mir noch starke Eindrücke von meinen Beobachtungen und Begegnungen mit Hermann Hesse und seiner Frau Ninon in Sils Maria lebendig geblieben. Ich verbrachte viele Sommerferien zusammen mit meiner Mutter, manchmal waren auch die Kinder meiner Schwester dabei, im Hotel Waldhaus in Sils Maria. Meine Erlebnisse müssen aus den Jahren 1954 bis 1961 stammen. Es waren damals aus persönlichen und familiären Gründen ziemlich schwierige Zeiten für mich, aber ein Theaterstück von mir »Und das sind unsere Flügel«, im Origo Verlag, Zürich, erschienen, hatte am Internationalen Schauspielwettbewerb Bregenz eine Auszeichnung erhalten, und später war auch im Origo Verlag ein Bändchen Gedichte[1] von mir herausgekommen.

Hermann Hesse und Frau Ninon flohen jeweils im Juli und August aus dem heißen Tessin für einige Wochen nach Sils Maria ins Hotel Waldhaus, das ihnen Ruhe und Erholung bot. Es muß mein sehr verehrter Arzt Dr. Erich Katzenstein gewesen sein, der Hermann Hesse auf mich aufmerksam gemacht hatte. Im schönen, weißgestrichenen Restaurant-Speisesaal des Hotels stand unser großer Tisch am Fenster fast neben demjenigen von Hermann Hesse und Ninon Hesse, einem runden Tisch, geborgen in der Ecke des Saals. So war

1 M. A. Stiebel, »Gedichte«, Zürich 1959.

Ninon und Hermann Hesse mit Freunden nach einem Konzert in der Kirche San Gian bei Celerina

es mir, ohne aufdringlich sein zu wollen, während mehrerer Sommer möglich, Hermann Hesse beim Essen zu beobachten. Einmal, zum Beispiel, sah ich wie der arrogante Oberkellner einen kleinen italienischen Piccolo scharf rügte und unsanft behandelte. Wir hatten den dienstfertigen freundlichen Jungen besonders geschätzt, und er tat uns leid. Hesse schien das alles auch beobachtet zu haben, denn er winkte den Piccolo zu sich, sprach freundlich mit ihm und drückte ihm ein Trinkgeld in die Hand. Frau Ninon saß bei diesem Vorfall unbeteiligt dabei.

Neben den Garagen des Hotels führte ein besonders hübscher Waldweg, fast eben mit nur gelegentlichem Auf und Ab durch den Lärchenwald, in Richtung Maloja, mit einem herrlichen Ausblick durch Baumlücken auf den glitzernden Silser See. Wir nannten ihn, weil er so bequem war, den »Chemin des Invalides«. Auf diesem Weg nun war es, daß ich zum ersten Mal Hermann Hesse begegnete. Es war ungefähr elf Uhr vormittags, und er kam mir allein entgegen. Er blieb stehen, schaute mich fragend an und sagte, ob ich Marie-Anne Stiebel sei, Dr. Katzenstein habe ihm von mir und meiner Arbeit erzählt. Er interessiere sich dafür und er wolle gelegentlich etwas davon sehen, ich würde von ihm hören. Ich konnte kaum sprechen vor Überraschung und Beglückung, und beim Weitergehen schien mit einem Male die ganze Welt in rosiges Licht getaucht zu sein. Nach dieser Episode grüßten wir uns gegenseitig jeweils im Speisesaal.

Tage später kam beim Aufstehen nach dem Essen Hermann Hesse auf unseren Tisch zu, blieb vor mir stehen und fragte mich, ob ich am nächsten Abend um halb neun zu ihnen aufs Zimmer kommen wolle, um aus meinen Arbeiten vorzulesen. Er hatte also Wort gehalten.

Der nächste Abend kam nur zu schnell, in der Halle warteten Hermann Hesse und Frau Ninon auf mich, und zusammen fuhren wir im Lift in die Bel-Etage, wo sie in der Mitte zwei schöne ineinandergehende Einerzimmer mit einer großen Terrasse bewohnten. Im Zimmer von Hermann Hesse, das mehr einem Arbeitszimmer denn einem Schlafzimmer glich, forderte man mich auf, an einem kleinen Tisch Platz zu nehmen. Hermann und Ninon Hesse setzten sich ziemlich weit hinter mich, so daß ich sie nicht mehr sehen konnte. Ich fragte, ob ich etwas aus meinem gedruckt vorliegenden Theaterstück vorlesen solle, aber Hesse wollte lieber etwas von meinen Gedichten hören. Also las ich, zuerst mit wackeliger Stimme vor diesem illustren Auditorium, dann allmählich sicherer, eine Anzahl der Gedichte, die ich für meine besten hielt. Stille herrschte im Raum, ich spürte nur meinen Pulsschlag. Als ich geendet hatte, hörte ich Hesse sagen: »Lesen Sie noch einmal die Strophe ›Und Bilder hängen an der Wand …‹«, und ich fuhr fort:

»Voll der tausend Töne,
Die ich gesehen und gehört und gefühlt
Mit meinem roten Herz
Das ein Fenster ist in der Mauer.«

Hesse sagte: »Hier muß es Herzen heißen: ›Mit meinem roten Herzen‹.« Nach einer Pause sagte er: »Ihre Gedichte zählen zu den schönsten, die ich seit langem von jungen Dichtern gesehen habe. Arbeiten Sie so weiter.«

Was dann noch gesprochen wurde, weiß ich nicht mehr. Ich bedankte mich herzlich bei beiden für die große Ehre, die sie mir erwiesen hatten, und wie im Traum kehrte ich aus dem Zimmer zurück und tauchte in einer härteren Wirklichkeit unter. Aber dieses Erlebnis strahlte jahrelang wie ein gütiger Stern über meinem Leben und ermutigte mich zum Weiterarbeiten.

Einmal, später, kam Hesse nach dem Mittagessen auf unseren Tisch zu, und ich stellte ihm meinen neunjährigen Neffen David vor, zu dem ich sagte: »This is Hermann Hesse, a world famous man!« Der Bub schaute ihn stumm mit großen Augen an. Da griff Hesse mit beiden Händen unter die Jacke

Im Sommer 1957 mit Theodor Heuss in Sils Maria

seines Anzugs, so daß sie sich weit aufblähte und meinte zu dem Jungen hin: »Nicht wahr, du stellst dir einen berühmten Mann eben so vor!«

Ich weiß nicht mehr genau, ob es im selben Jahr war, daß auf der anderen Seite unseres Tisches Theodor Heuss mit Frau und anderen saß. Einmal traf meine Mutter vor der Tür zum Restaurant mit ihm zusammen und wollte ihm den Vortritt lassen. Da beugte er sich leicht nach vorn, bedeutete meiner Mutter vor ihm hineinzugehen und sagte: »Gnädige Frau, ich *darf* höflich sein.«

In jenem Sommer waren Hesses viel mit Heuss zusammen; meistens saßen sie nach dem Abendessen am Lieblingstisch von Hesse in der großen Bar am Fenster. Man sah es deutlich, am

Gesichtsausdruck und den jünglingshaften Armbewegungen und federnden Schritten, der intensiven Unterhaltung, wie glücklich der Dichter sich in dieser Gesellschaft fühlte. Das war aber nicht bei jedem Zusammensein mit anderen Menschen der Fall. Hie und da hatte ich das Gefühl, daß Frau Ninon weitgehend die Auswahl derjenigen bestimmte, mit denen sie nach Tisch beisammen waren. [...] Dabei gab es in diesen Sommern viele außergewöhnliche Persönlichkeiten im Waldhaus Sils Maria; um nur einige zu erwähnen: Kardinal König von Wien mit einer großen Suite, Nobelpreisträger Ziegler[2] mit Frau, Paul Sacher[3] mit Familie, Alberto Moravia mit seiner Frau Elsa Morante,[4] der Dichter Pierre-Jean Jouve[5] – und vor allem Thomas Mann mit Frau Katia, auch Erika Mann war oft dabei. Manns saßen im Restaurant weiter entfernt von uns, so daß ich sie nicht aus der Nähe beobachten konnte. Aber immerhin sah ich oft Thomas Mann das Restaurant betreten, weder nach links oder nach rechts schauend, sich steif an den Tisch setzend, die Speisekarte studieren, dann die Kellner herbeibeordern und mit Wichtigkeit das Menü bestellen. Er wechselte kein freundliches Wort mit den Angestellten, die er als Menschen nicht wahrnahm – wie es im Gegensatz dazu bei Hesse der Fall war –, sie schienen für ihn nicht zu existieren.

2 Karl Ziegler (1898-1973), Leiter des Max-Planck-Institutes in Mülheim/Ruhr, Nobelpreisträger für Chemie.

3 Paul Sacher (1906-1999), Schweizer Musiker und Leiter des Collegium Musicum, Zürich.

4 Alberto Moravia (1907-1990), italienischer Romancier und Erzähler; Elsa Morante (1912-1985), italienische Lyrikerin und Erzählerin.

5 Pierre-Jean Jouve (1877-1976), französischer Erzähler und Lyriker, Freund von Romain Rolland und Stefan Zweig.

Als ich wieder einmal mit meinem schwarzweißen Spaniel Ayax den Spaziergang auf den »Chemin des Invalides« machte, kam mir Hermann Hesse in Gesellschaft einer Dame und eines Herrn entgegen; sie befanden sich schon auf dem Rückweg ins Hotel. Ich wollte höflich grüßend vorbeigehen, da blieb Hesse unerwarteterweise stehen, reichte mir die Hand, stellte mich seiner Begleitung mit den Worten vor: »Das ist eine junge Kollegin von mir; sie schreibt mir die Gedichte vor der Nase weg.« […]

Ich erinnere mich daran, daß in einem Sommer das Ehepaar Hesse viel früher als üblich und anscheinend plötzlich abgereist war. Der Tisch neben uns im Restaurant war verwaist, zu meinem großen Bedauern.

Am 2. Juli 1957 feierte Hermann Hesse seinen achtzigsten Geburtstag. Da es noch vor den Sommerferien war, wollte ich Hesse doch einen Gruß schicken. Ich kaufte das Grammophonkonzert für Klavier Köchelverzeichnis Nr. 466 in d-moll mit Clara Haskil als Solistin – er hatte es in der Kirche von Silvaplana bei den Engadiner Musikwochen von ihr spielen hören. Mit einigen Zeilen schickte ich die Platte an Hermann Hesse ab. Nach ungefähr zehn Tagen erhielt ich ein flaches Paket aus Montagnola. Absender Hermann Hesse; im Paket war die Platte mit einem Dankesschreiben von ihm. Er könne die Platte zwar nicht annehmen, wohl aber die freundliche Gesinnung, die mich bewogen habe, sie senden zu lassen. Er schrieb weiter, seine Frau, die er sonst nur rühmen könne und der er viel verdanke, habe vor zwei Jahren in Sils plötzlich eine heftige Aversion gegen mich gefaßt, aus Eifersucht und völlig unvernünftig; sie habe zuweilen, zum Glück selten, solche Anfälle und bliebe dann beharrlich und für immer dabei. Da-

Hermann Hesse im Gespräch, 1952

mals habe die dumme Sache ihn einen Sommer gekostet, sie seien abgereist. Seither stünden die Dinge so, wie ich sie kenne. Die Ankunft meiner Platte habe seine Frau wieder völlig krank gemacht. Er sei alt genug, diese Dinge hinzunehmen, ohne sie zu wichtig zu nehmen. Aber da sie für die heißeste Zeit keine bessere Zuflucht als Sils kennen würden, müsse er mich doch informieren. Als ich den Brief mit zitternden

Händen gelesen hatte, war es, als stürze die Welt über mir zusammen. So etwas hatte ich nicht erwartet. Unschuldig wie ich an allem war, betäubte mich der fürchterliche Gedanke, daß *ich* vielleicht die Ursache der damaligen plötzlichen Abreise des Ehepaares Hesse gewesen sein könnte. [...]

Ich hatte nie auch nur die Spur eines Gedankens an einen »Flirt« mit dem berühmten Dichter; meine Gefühle waren ausschließlich solche der ehrfurchtsvollen Bewunderung und der Dankbarkeit für sein Interesse an meiner Arbeit.

Es dauerte wochenlang, bis ich diesen Schock einigermaßen verschmerzt hatte – und wie sollten sich in Zukunft die auch von unserer Seite unvermeidlichen Ferien im Waldhaus gestalten? Es ging dann eigentlich in den folgenden Jahren unproblematischer von statten als ich gefürchtet hatte, wir verbrachten jeweils unsere Sommerferien im Waldhaus Sils Maria; Hermann Hesse und Frau Ninon waren auch da, gleichsam auf eine andere unerreichbare Ebene entrückt. Wenn wir uns begegneten, begrüßten wir uns förmlich – und dabei blieb es fortan.

[...] Als Abschluß dieser Erlebnisse und Beobachtungen ist mir noch eine aufschlußreiche Episode deutlich im Gedächtnis haften geblieben: In der großen Aufenthaltshalle des Hotels fand an einem Abend Mitte August ein Schautanzen berufsmäßiger Tanzpaare statt. Das war damals in den großen Hotels noch so üblich. Es waren meist ältere Tänzer, die sich auf diese Weise einen mageren Obulus verdienten; die ausgemergelten Frauengestalten, ihr Alter mühsam verbergend und ihre gigolohaften Partner hatten stets eine Mischung von Mitleid und Verachtung in mir erregt. – Neben der Halle befand sich die geräumige Bar, durch eine mit einem halbhohen Vorhang bedeckte Schiebetüre aus Glas voneinander getrennt. An diesem Abend – ich glaube es war der letzte vor der Abreise des Ehepaares Hesse – saßen sie zusammen mit Thomas Mann und Frau am Lieblingstisch von Hermann Hesse, unter dem Fenster am Ende der Bar. Auch ich war vor dem banalen Schauspiel in die ruhigere Bar geflohen und saß dort mit einen Buch. – Die Herrschaften unterhielten sich angeregt, Hermann Hesse und Thomas Mann schienen in ihrem Element zu sein; ich blickte hie und da verstohlen zu ihnen hinüber.

Ziemlich spät abends erhoben sie sich, Hesse schritt voran, und strebten dem Ausgang zu. Da blieb Thomas Mann in der Mitte des Raumes plötzlich stehen, wandte sich nach rechts und ging zur Glastüre. Er stellte sich auf die Zehenspitzen, reckte sich und spähte über den Vorhang hinüber in die Halle. Er schien alles um sich herum vergessen zu haben, auch seine Gesellschaft, die zögernd Halt machte. Ich sehe ihn noch heute dastehen, nach fast dreißig Jahren, und angespannt in die Halle hinüberschauen, um ja etwas von dem Schautanzen zu erhaschen.

Hermann Hesse indessen schritt mit beglücktem Ausdruck – der Abend mit Manns hatte ihm Freude bereitet und offenbar ganz ausgefüllt – auf die Theke zu und bezahlte beim Barmann die Rechnung … […]

Nun verließ die Gesellschaft zusammen die Bar, der Abschiedsabend war zu Ende. Auch für mich war etwas ganz Seltenes zu Ende gegangen; es war das letzte Mal, daß ich Hermann Hesse gesehen habe.

Ich schreibe Dir im blöden Hotelzimmer bei grauem Licht und heftigem Regen. Doch haben wir vorher hier recht schöne Tage gehabt, zuweilen kalt, aber meist heiter, Ninon konnte manche kleinere Ausflüge machen und mit mir viele kleine hübsche Gänge in der Nähe. Da im Hotel vorwiegend Stammgäste sind, die jedes Jahr kommen, haben wir mit der Zeit trotz aller Zurückhaltung manche Bekanntschaften und zum Glück auch eine gute Freundschaft geschlossen, so daß wir hier ziemlich viel Geselligkeit haben, etwa nach Tisch beim Kaffee oder abends. Auch ist der mir befreundete deutsche Präsident Heuss mit Familie hier im Haus, mit denen sind wir auch oft zusammen.

Aus einem Brief Hesses an seinen Sohn Heiner
vom August 1957 aus Sils Maria, Hotel Waldhaus

Man kann seine Ferien auf vielerlei Arten zubringen. Diesmal traf es mich, daß ich etwa die Hälfte meines Engadiner Sommers als Gefangener im Bett und Hotelzimmer liegen und Geduld haben mußte. Es ging ganz gut; von den gröbsten Belästigungen durch die Krankheit abgesehen, war es keine schlechte Zeit. Die ersten Tage und Nächte verhalf mir ein leichtes Fieber zu einem dauernden Dösen und Halbschlummer und alles in allem war ich ein wenig stolz darauf, daß ich es, nach sehr vielen Jahren zum erstenmal, fertigbrachte, eine Reihe von Tagen im Bett zu bleiben, im Bett, das ich sonst wenig liebe. […]

Rast am Julier-Paß im Juli 1956

Für ein paar Tage kam, vom Kongreß des PEN-Clubs her, Freund Kenji Takahashi[1] aus Tokio, mein japanischer Übersetzer und Biograph. Er kam mit Lächeln, ließ Papiervögel flattern, brachte Geschenke von manchen Freunden und Lesern mit, Briefchen, bemalte Fächer, ein Tuch mit einer Hiroshige-Landschaft, schön lackierte Eßstäbchen. Von Japan war er über den Nordpol nach Kopenhagen geflogen, mit einer Stunde Aufenthalt in Alaska. Als er davon erzählte, dachte

Gespräch mit Theodor Heuss im Juli 1957

ich an einen Flug mit Oskar Bider,[2] 1912 oder 1913, wo ich auf winzigem Hocker frei in der Luft saß und die Beine überm Berner Münster baumeln ließ.

Schön war sodann mein erster, ganz kleiner Ausgang auf ebenem Weg durch den Lärchenwald. Es gibt eine sehr hübsche Geschichte von W[illiam] Saroyan,[3] aus der Zeit, wo er als junger Bursch in einem kalifornischen Weinberg arbeitete. Da kaufte er sich einmal eine Zeitschrift und fand darin viele Bilder eines mexikanischen Malers. Zum erstenmal ging ihm da das Phänomen der Schönheit auf: daß alle Dinge auf Erden schön sind oder schön sein können, wenn ein Künstler sie betrachtet, und daß das Entdecken und Festhalten dieser Schönheit ein hohes Glück bedeutet. Ich humpelte am Arm meiner Frau langsam und etwas mühsam dahin und war dabei sehr glücklich, denn das schöne Gefühl des Genesens machte in dieser Stunde auch mich zum Künstler und machte für meine Augen alles und jedes schön: die alten Lärchenstämme und jede Biegung ihres geschmeidigen Geästs, jede Arabeske, die das Wiegen ihrer Zweigspitzen im leichten Winde in das Blau und Weiß des Himmels schrieb, die sanft gekrümmte Linie eines zu Tal führenden Fußpfades, die mit zäher Kraft geladenen Wülste der dicken Baumwurzeln, auf die wir unsre Sohlen setzen, die schattigen und die besonnten Moospolster, die Schnecke am Stiel eines Grashalms, das von braunen Adern durchzogene grüne Blatt eines Löwenzahns, das Aufblitzen eines Wassertropfens am dürren dünnen Zweig eines erstorbenen Zwergbäumchens, die mattglasige Quarzader quer durch einen geborstenen Stein, aber auch die Ameise, die mir beim Stehenbleiben über den Schuh rannte, und noch das silberne Fetzchen Stanniol, dessen Aufgabe es gewesen war, ein Stückchen Schokolade zu umhüllen, und das sich jetzt ganz und glücklich der Aufgabe widmete, etwas von dem blauen und dem goldenen Licht dieser Stunde zu spiegeln und mitten in einer feuchten Schattenmulde den Stern zu spielen.

Aus »Sommerbrief«, 1959

1 Kenji Takahashi (1902-1998), Professor für deutsche Literatur in Tokio, Übersetzer u. a. von Erich Kästner und Hermann Hesse.
2 Oskar Bider (1891-1919), Schweizer Flugpionier, der als erster die Pyrenäen und Alpen überquerte und am 10. 3. 1913 mit Hesse im Eindecker einen Rundflug über Bern unternahm.
3 William Saroyan (1908-1981), US-amerikanischer Erzähler und Dramatiker armenischer Herkunft.

Hier im hohen Engadin, wo ich mich von ein paar Wochen Kranksein erhole, fand mich Ihr Briefchen, und zwei Tage drauf wurde mir auch schon Ihre Überweisung gemeldet.[1] Sie erfreuen damit zuerst mich und dann manche andre Menschen, und ich danke Ihnen herzlich in unser aller Namen.

Ich habe hier, wo ich bis gegen Ende August bleiben will, mehr Regen und Kälte gefunden als in andern Jahren, liege noch viel, fühle mich aber wieder wohl und habe Freunde zu Nachbarn. Dieser Tage war ich im Nietzschehaus, das seit kurzem, sehr im Verkommen begriffen, von einer Stiftung übernommen und hergerichtet worden ist. Da sind im schönen Hauptraum des Hauses nun Bilder, Bücher, faksimilierte Handschriften Nietzsches ausgestellt. Doch hat er diesen Raum nie bewohnt. Sein Zimmerchen, klein, finster, ohne Aussicht, ist ärmlich wie etwa eine Knechtskammer.

Aus einem Brief Hesses vom 9. 8. 1960
an Günther Klinge aus Sils Maria

1 Günther Klinge hatte bei Hesse ein von ihm illustriertes Manuskript der »Zwölf Gedichte« bestellt.

In Sils Maria waren wir auch wieder, etwa fünf Wochen, das Gedicht[1] ist dort entstanden, und auch eine längere Betrachtung in Prosa,[2] die werden Sie dann später bekommen, wenn sie gedruckt sein wird, es wird schon noch eine Weile dauern. Wir waren jetzt seit etwa 12 Jahren jeden Sommer dort, aus vielen Gründen, des Klimas und der Landschaft wegen, dann auch weil ich dort im Hotel freundlich und sorgfältig behandelt werde, mit Diät und Ruhe, aber auch weil wir dort jedes

Abschied von Theodor W. Adorno im August 1955 vor dem Hotel Waldhaus

Jahr Leute treffen, die gleich uns immer wieder hinkommen und uns Freunde geworden sind. Die Fahrt im Auto nach Sils ist die einzige Reise im Jahr, die ich noch mache.

Aus einem Brief Hesses vom September 1961 an Elisabeth La Roche

1 »Lej Nair, Kleiner schwarzer Waldsee im Engadin über Surlej«. Erstdruck am 3. 9. 1961 in der »Neuen Zürcher Zeitung«.
2 »Schreiben und Schriften«. Erstdruck in »Neue Zürcher Zeitung« vom 15. 8. 1961.

Lej Nair

LEJ NAIR

Kleiner schwarzer Waldsee im Engadin über Surlej

Hinter strengem Felsenriegel,
Den die Weidenrosen mildern,
Dehnt sich dunkeln Wassers Spiegel,
Wolken, Wald und Berg zu schildern.

Schwarze Bläue, kühle Feuchte
Füllt die Mulde satt, ihr Schweigen
Scheint vom See hinauf zur Leuchte
Frischen Gipfelschnees zu steigen.

Talwärts mit verschlafnem Rieseln
Träge Wasserfäden schleichen,
Über Schlamm und braunen Kieseln
Alte Baumgerippe bleichen.

Arve starrt und Lärche schattet,
Selbst der Wind, noch eben rege,
Zögert jetzt und sucht ermattet,
Wo er sich zur Ruhe lege.

August 1961

Müder Abend

Abendwindes Lallen
Klagt erstickt im Laub,
Schwere Tropfen fallen
Einzeln in den Staub.

Aus den mürben Mauern
Moos und Farne quellen,
Alte Leute kauern
Schweigend auf den Schwellen.

Krumme Hände lasten
Still auf steifen Knien,
Geben sich dem Rasten
Und Verwelken hin.

Ueberm Friedhof flügeln
Krähen schwer und gross.
Auf den flachen Hügeln
Wuchert Farn und Moos.

o

Sils Maria
1960

Sommerreise: Aus »Eine Wandererinnerung«: Erstdruck u. d. T. »Sommerreise« in »Münchner Neueste Nachrichten« vom 23./24. 8. 1905 und 2. 9. 1905. In: Hermann Hesse, »Sämtliche Werke«. Hg. v. Volker Michels. Band 13: »Betrachtungen und Berichte I. 1899-1926«. Suhrkamp Verlag, Frankfurt am Main 2003, S. 97-104

Wintertage in Graubünden: Erstdruck u. d. T. »Winternotizen aus Graubünden« in »Neues Wiener Tageblatt« vom 11.2.1906. In: Hermann Hesse, »Sämtliche Werke«, Band 13, a.a.O., S. 122-126

Aus einem Traumtagebuch: Aus: Hermann Hesse, »Traumgeschenk. Betrachtungen, Tagebücher, Erzählungen und Gedichte über das Träumen«. Hg. v. Volker Michels. Suhrkamp Verlag, Frankfurt am Main 1996, S. 216-217

Winterferien: Geschrieben im Januar 1928. Erstdruck u. d. T. »Ins Gebirge verirrt« in »Kölnische Zeitung« vom 9.2.1928. In: Hermann Hesse, »Sämtliche Werke«. Hg. v. Volker Michels. Band 14: »Betrachtungen und Berichte II. 1927-1961«. Suhrkamp Verlag, Frankfurt am Main 2003, S. 68-72

Winternotizen aus Arosa und St. Moritz (in Briefen 1929-1931): Aus teilweise unveröffentlichten Briefen des Dichters aus den Jahren 1929 bis 1935.

Elisabeth Mann-Borgese, *Begegnungen mit Hermann Hesse:* Erstmals erschienen in: »Frankfurter Allgemeine Zeitung« vom 2. 4. 2002.

Ski-Rast: In: Hermann Hesse, »Sämtliche Werke«. Hg. v. Volker Michels. Band 10: »Die Gedichte«. Bearbeitet von Peter Huber. Suhrkamp Verlag, Frankfurt am Main 2002, S. 189

Arosa als Erlebnis: Erstdruck u. d. T. »Fünfzig Jahre Kurort Arosa«, Antwort auf eine Umfrage der »Neuen Zürcher Zeitung« vom 21. 9. 1934. In: Hermann Hesse, »Sämtliche Werke«. Hg. v. Volker Michels. Band 12: »Autobiographische Schriften II. Selbstzeugnisse, Erinnerungen, Gedenkblätter und Rundbriefe«. Suhrkamp Verlag, Frankfurt am Main 2003, S. 265-267

Stichworte zu einer Erzählung: Typoskript aus dem Nachlaß. Erstdruck u. d. T. »[Notiz um 1934]« in: Hermann Hesse, »Sämtliche Werke«. Hg. v. Volker Michels. Band 11: »Autobiographische Schriften I.

Wanderung. Kurgast. Die Nürnberger Reise. Tagebücher«. Suhrkamp Verlag, Frankfurt am Main 2003, S. 686

Sils Maria (Briefe über Tagesausflüge): Aus teilweise unveröffentlichten Schreiben des Dichters 1947 bis 1951.

Im Auto über den Julier: In: Hermann Hesse, »Sämtliche Werke«, Band 10, a. a. O., S. 382-383

Engadiner Erlebnisse: Geschrieben im Oktober 1953. Erstdruck in »Neue Schweizer Rundschau«, Zürich vom Oktober 1953. Auch als Separat- und Privatdruck versandt. In: Hermann Hesse, »Sämtliche Werke«, Band 12, a. a. O., S. 596-616

Wiedersehen in Maloja: Aus »Rundbrief aus Sils-Maria«. Geschrieben im August 1954. Erstdruck in »Neue Zürcher Zeitung« vom 18. 8. 1955. Auch als Separat- und Privatdruck versandt. In: Hermann Hesse, »Sämtliche Werke«, Band 12, a. a. O., S. 649-653

Marie-Anne Stiebel, *Woran ich mich erinnere:* In: »Hermann Hesse in Augenzeugenberichten«. Hg. v. Volker Michels. Suhrkamp Verlag, Frankfurt am Main 1991, S. 423-429

Aus den letzten Sommern im Engadin: Aus teilweise unveröffentlichten Briefen des Dichters 1957 bis 1961.

Lej Nair: In: Hermann Hesse, »Sämtliche Werke«, Band 10, a. a. O., S. 394-395

Müder Abend: Faksimile. In: Hermann Hesse, »Sämtliche Werke«, Band 10, a. a. O., S. 382-392

ABBILDUNGSNACHWEIS

Die in diesem Band reproduzierten Aquarelle und Zeichnungen von Hermann Hesse erscheinen mit freundlicher Genehmigung des Hermann Hesse-Editionsarchivs: Volker Michels, Offenbach am Main.

Das Foto auf Seite 11 ist von Gaëtan Bally, © Agentur laif, Köln.

Die Fotos auf den Seiten 99, 113, 137 stammen von Martin Hesse, dem Sohn des Dichters (© Martin Hesse Erben), das historische Bildmaterial wurde vom Hermann Hesse-Editionsarchiv: Volker Michels, Offenbach am Main, zur Verfügung gestellt.

NF 364/1/11.16

Hesse für jede Jahreszeit

Kurt Tucholsky hat über Hermann Hesses Naturdarstellungen geschrieben: »Er kann, was nur wenige können. Er kann einen Sommerabend und ein erfrischendes Schwimmbad ... nicht nur schildern – das wäre nicht schwer. Aber er kann machen, dass es uns heiß und kühl und müde ums Herz wird.« Hermann Hesses Beziehung zur Natur und dem Lauf der Jahreszeiten ist von jeher ein inniges. In vielen Gedichten und Betrachtungen, aber auch in seinen Romanen hat er sie beschrieben und ihren Zauber zu fassen versucht. Ulrike Anders hat Hesses schönste Gedanken zu jeder Jahreszeit ausgewählt.

Hermann Hesse, Frühling. Ausgewählt von Ulrike Anders.
insel taschenbuch 4117. 119 Seiten

Hermann Hesse, Sommer. Ausgewählt von Ulrike Anders.
insel taschenbuch 4138. 119 Seiten

Hermann Hesse, Herbst. Ausgewählt von Ulrike Anders.
insel taschenbuch 4174. 119 Seiten

Hermann Hesse, Winter. Ausgewählt von Ulrike Anders.
insel taschenbuch 4193. 119 Seiten

NF 146/1/8.12

NF 153/1/8.12